Liliana Segre / Enrico Mentana

Erinnern macht frei

Das unterbrochene Leben eines Mädchens in der Shoah

Jüdische Kulturgeschichte in der Moderne
hrsg. von Joachim Schlör
Band 33

Liliana Segre, geboren 1930, wurde mit 13 Jahren nach Auschwitz deportiert, das sie ebenso wie den Todesmarsch überlebte. Seit den 1990er Jahren berichtet sie öffentlich über ihre Geschichte. Sie erhielt in Italien zahlreiche Ehrungen und Preise, 2018 ernannte der italienische Staatspräsident Sergio Mattarella sie zur Senatorin auf Lebenszeit. 2020 erhielt sie das Große Verdienstkreuz mit Stern der Bundesrepublik Deutschland.

Enrico Mentana ist einer der bekanntesten Journalisten Italiens, er wurde vielfach ausgezeichnet. Seit 2010 ist er Chef der Hauptnachrichtensendung beim Privatsender La7. 2018 gründete er die Online-Zeitschrift *Open*, deren Chefredakteur er ist.

Liliana Segre
Enrico Mentana

Erinnern macht frei

Das unterbrochene Leben eines Mädchens in der Shoah

aus dem Italienischen
von Ulrike Schimming

Neofelis

Inhalt

EINLEITUNG

Enrico Mentana

Es ist nur noch eine Frage von wenigen Jahren, bis es keine lebenden Zeugen der Shoah mehr geben wird. Mehr noch, schon heute stoßen ihre Erzählungen, die Berichte ihrer Erfahrung aus dem grausamsten Höllenkreis der Zeitgeschichte auf wachsende Gleichgültigkeit, als wären sie die x-te Wiederholung eines längst archivierten Ereignisses. Dies ist fast unvermeidlich, denn die Erinnerung (einschließlich des jährlichen Gedenktags, an dem sie rituell eingefordert wird) konzentriert sich nur noch auf Auschwitz, den Höhepunkt der ‚Endlösung'. Und so verliert die erschreckendste systematische Verfolgungspolitik, die die Welt je erlebt hat, ihren Kontext und wird zu einer Art Privatangelegenheit zwischen zwei Gruppen, die unserer heutigen Welt fremd sind. Die Nazis, die die Juden und Jüdinnen verfolgten, deportierten und in den Tod schickten, gibt es kaum noch, und bald wird es auch keine der wenigen Überlebenden ihres fabrikmäßigen Genozids mehr geben. Erstere haben die Shoah durchgeführt; letzteren blieb die dauerhafte Qual, davon zu erzählen und die Erinnerung daran wachzuhalten.

So verwandelte sich eine unfassbare historische Tragödie, ermöglicht durch ein europaweites Netzwerk aus Entscheidungsträgern, Komplizen und Stillschweigen, in die (psychologisch subjektivere und beruhigendere) Erzählung der wenigen Heimgekehrten und in das totale und endgültige Schweigen aller anderen

Zeugen und Zeuginnen. Letztere waren jene Millionen von Deutschen, Italienern, Franzosen, Niederländern, Polen, Tschechen, Ungarn, Rumänen und Jugoslawen, die sich aktiv und oft eifriger als die Organisatoren an Isolierung, Identifizierung, Rassentrennung, Verhaftung und Deportation in die Vernichtungslager beteiligt hatten, und zwar nicht nur von Juden und Jüdinnen, sondern auch von Sinti und Roma, Homosexuellen und politischen Gegnern und Gegnerinnen. Jedes Jahr fordern jene, die den Holocaust-Gedenktag als ein rituelles Datum begreifen, mit schmerzhaft heuchlerischer Routine den gerade angesagten Überlebenden auf, Schulkindern von dem Grauen zu erzählen, zeigen Steven Spielbergs *Schindlers Liste* oder auch Roberto Benignis *Das Leben ist schön*, und das allgemeine Gewissen scheint beruhigt. Aber ist es das wirklich? Bestimmt nicht. Paradoxerweise überdeckt das absolute Grauen des Holocaust, mit dem Blut und dem Rauch aus den Schornsteinen von Auschwitz und aus denen der anderen Lager, die enorme Schande der fortdauernden Diskriminierung der europäischen Juden und Jüdinnen, die lange vor dem Ausbruch des Zweiten Weltkriegs begann und somit nicht als ein Aspekt der Unmenschlichkeit unter vielen dieses Gesamtkonflikts relativiert werden kann. Es lohnt sich also, das Ritual zu unterbrechen, die Vorführung anzuhalten und das Bild des Nazis in schwarzer Uniform mit Runen und Schäferhund und das des Juden mit Mütze, Schläfenlocken, langem Bart und langem Mantel hinter uns zu lassen. Dies ist keine Geschichte von Uniformen und langen Mänteln, dies ist keine Geschichte des Krieges, es ist auch keine Geschichte von Außenseitern. Im faschistischen Italien, und nicht nur dort, waren Verfolger und Verfolgte Teil derselben Gesellschaft, sie kleideten sich identisch und hatten oft die gleiche Einstellung zum Regime. Dennoch beschlossen eines Tages die Ersteren, dass die Letzteren aufgrund des Glaubens ihrer Eltern nicht mehr lehren oder lernen, arbeiten oder besitzen, Geschäfte machen oder sparen durften, selbst wenn dieser Glaube verloren gegangen und nicht weitergegeben worden war. Die Juden und Jüdinnen wurden einfach wegen ihrer Abstammung und als Volksgruppe ausgegrenzt. Dann kamen die Deutschen nach Italien und wurden von einem Tag auf den anderen von Verbündeten zu Besatzern. Sie hatten diese Politik der Diskriminierung angestoßen und wandelten sie schließlich in Vernichtung um. Und viele Italiener und Italienerinnen schlossen die Augen, wandten sich ab oder halfen aktiv mit: Das wahre Grauen liegt für mich dort, auf den ersten Metern des Wegs in die Lager.

Vor allem, wenn man bedenkt, dass es in Italien schlichtweg keinen Antisemitismus gab. In dem säkularen Staat, der vom Hause Savoyen gewollt worden war, gab es ihn einfach nicht. Es gab keinen Antisemitismus in den Städten, in denen jüdische Gemeinden existierten, es gab ihn nicht im Rest eines Landes, in dem die Juden immer zu wenige waren, als dass sie Akzeptanz oder Ablehnung hätten hervorrufen können. Sicherlich gab es einen latenten Antijudaismus, der sich in der politischen Führung, im Vatikanstaat und im Wettern gegen die „perfiden Juden" manifestierte. Aber die Juden und Jüdinnen des römischen Ghettos hatten jahrhundertelang im Schatten der Peterskuppel mit den Papisten zusammengelebt. Und im Norden war die Situation vollkommen anders. Vor allem in den Großstädten, wo jüdische Familien seit vielen Generationen nicht in Ghettos lebten, waren sie vollkommen in das Leben des Königreichs integriert, und fast immer waren ihre Identitätsmerkmale mit der gesellschaftlichen Anerkennung verblasst. Dies war die Lage in Mailand, wo die Zeitzeugin dieses Buchs, Liliana Segre, 1930 geboren wurde: Der Wind des 20. Jahrhunderts hatte Lebensweisen hinweggefegt, in denen religiöse Gemeinschaften eine wichtige Rolle gespielt hatten. Denn diese waren kaum mehr mit den neuen Ideen, den Befreiungsmöglichkeiten und dem gesellschaftlichen Erfolg vereinbar, die sich nach nur wenigen Jahrzehnten in Politik, Handel, Berufsleben und im neuen städtischen Proletariat entwickelten. Immer öfter schlossen die Menschen überkonfessionelle Ehen und manifestierten so den Ausstieg aus der religiösen Praxis und häufig auch aus dem Glauben selbst. Es gab nur sehr wenige jüdische Menschen in Italien, und nur sehr wenige blieben jüdisch. Ihre

Zahl nahm in den ersten vierzig Jahren des 20. Jahrhunderts nicht zu (und auch heute noch ist ihr Bevölkerungsanteil derselbe wie vor 120 Jahren, etwa 40.000, eine Zahl, die für fast alle Italiener unglaublich niedrig klingt, da sie den Anteil der Juden und Jüdinnen als mindestens zwanzigmal so hoch empfinden).
Es gab also sehr wenige Juden in Italien und diese waren weitgehend assimiliert. Dies bestätigte auch Benito Mussolinis eigene *Expertise* in den berühmten Gesprächen von 1932, die der deutsche Journalist Emil Ludwig mit ihm führte: „Die jüdischen Italiener haben sich als Bürger stets bewährt und als Soldaten tapfer geschlagen. Sie sitzen in hervorragenden Stellungen an Universitäten, in der Armee, in den Banken."[1] Aus all diesen Positionen würde er sie jedoch sechs Jahre später durch die Rassengesetze verjagen. Dabei waren in der Geschichte, die Mussolini selbst miterlebt hatte, Vertreter dieser Gruppen immer präsent gewesen, und das nicht nur im Hintergrund. Fünf goldene Auszeichnungen wurden jüdischen Kämpfern aus dem Ersten Weltkrieg verliehen, und zu Beginn des 20. Jahrhunderts gehörten ein Kriegsminister, ein Ministerpräsident, ein Minister für Justiz und Kultusangelegenheiten (einschließlich des katholischen Glaubens) der jüdischen Religion an. Nach dem Marsch auf Rom ging ihre Zahl in der politischen Führung zurück, was jedoch nicht daran lag, dass sie keine begeisterten Anhänger dieser neuen politischen Macht gewesen wären. In der ersten Hälfte der zwanzigjährigen faschistischen Herrschaft ließ kein Regierungsbeschluss erahnen, was kommen würde; es gab vielmehr direkte Beziehungen zwischen den Gemeindevorstehern und den regionalen und nationalen Einrichtungen des Faschismus.
So hat Michele Sarfatti anhand der Volkszählungsdaten von 1938 und der Analyse der Rolle von jüdischen Vertretern in den Reihen der Opposition herausgefunden, dass „die italienischen Juden Faschisten wie die anderen Italiener, aber mehr Antifaschisten als die anderen Italiener waren"[2]. Denn es ist ebenso wahr, dass in den Reihen der Opposition gegen das Regime, in den Parteien, die sich zwischen Exil und Untergrund neu organisierten, viele

Männer und Frauen jüdischen Glaubens hervorstachen. Angefangen bei den Brüdern Rosselli, die das Regime ein Jahr vor dem Erlass der Rassengesetze in Frankreich tötete. Doch die meisten Italiener und Italienerinnen erfuhren im Dunkel der Zensur, im Grau des Konformismus und im grellen Licht der offiziellen Rhetorik nichts von den beiden. Und Mussolini verwischte jedes Mitwissertum, jeden Hauch von Misstrauen, indem er nach Strich und Faden log. Ein aufschlussreiches und erschreckendes Beispiel dafür ist folgendes: Nur zwei Tage waren seit der Ermordung der beiden Rosselli-Brüder vergangen, als der Duce dem Herausgeber des New Yorker *Corriere d'America*, Generoso Pope, diese berühmte, trügerische Versicherung diktierte:

> Ich autorisiere dich, sofort nach deiner Rückkehr nach New York den Juden Amerikas zu erklären und mitzuteilen, dass all ihre Sorgen über die Lage ihrer in Italien lebenden Brüder in Rasse und Religion nur das Ergebnis böswilliger Informanten sein können. Ich autorisiere dich klarzustellen, dass die Juden Italiens die gleiche Behandlung erfahren haben, erfahren und erfahren werden wie jeder andere italienische Bürger und dass ich keine Form der Diskriminierung von Rasse oder Religion im Sinn habe, sondern der Politik der Gleichheit aller Bürger vor dem Gesetz und der Religionsfreiheit treu ergeben bin.[3]

Mit diesen unglaubwürdigen, fälschlicherweise beruhigenden Worten wollte Mussolini die öffentliche Meinung in einem Land beeinflussen, das er nicht zum Feind haben wollte. Die Rassengesetze wurden genau ein Jahr später erlassen, zeitgleich mit ähnlichen Maßnahmen der Regierungen Ungarns und Rumäniens. Es waren übereinstimmende und unmissverständliche Anzeichen derselben Stoßrichtung, desselben Anstifters und Verbündeten, der im Begriff war, Herrscher zu werden, Adolf Hitler. Italien selbst, davon bin ich nach Jahren des Studiums und der Lektüre überzeugt, wäre niemals so weit gegangen. Nicht einmal seine Afrika-Feldzüge, die Gründung des Reichs und selbst die

Unterwerfung des stolzesten afrikanischen Volks, der Äthiopier, machten die Italiener zu Rassisten. Es ist im Gegenteil bekannt, dass diese kritische Phase in der faschistischen Geschichte den nationalen Geist zementierte, als Reaktion auf den Norden, auf Großbritannien, die größte Kolonialmacht der Welt, die im Rahmen des Völkerbunds die ‚ungerechten Sanktionen'[4] gegen Rom verhängt hatte. Dieses Handelsembargo – wie wir es heute nennen würden und an das hier erinnert werden muss – versammelte die öffentliche Meinung Italiens wie nie zuvor hinter dem Duce des Faschismus und beseitigte alle Vorbehalte. In den historischen Dokumenten finden sich keine Spuren irgendwelcher rassistischen Gedankengänge, nicht einmal in den unverdächtigsten Erinnerungen. Einer unserer größten Dichter, Giovanni Giudici, der damals die Mittelschule besuchte, sagte 30 Jahre später – inzwischen eine führende Persönlichkeit der linken Kultur – über die Proteste des Volks gegen das ‚perfide Albion'[5]:

> Ja, wir hatten recht, trotz unserer Uniformen als Balilla und Avantgardisti[6], trotz unserer lächerlichen Fez-Hüte und der aus Pflichtgefühl getragenen schwarzen Hemden. Gewiss, die tragischen Erfahrungen der folgenden Jahre sollten uns lehren, welche unglücklichen Folgen falsch verstandenes Nationalbewusstsein oder Patriotismus haben können, die gerade wegen der Beschränktheit ihrer politischen Inhalte zu sehr der Instrumentalisierung ausgesetzt sind. Man darf nicht vergessen, dass der ‚Ausbruch' der jungen Leute von damals (ein ‚Ausbruch', den man an sich und unabhängig davon, wie die faschistische Macht ihn nutzen konnte und wollte, als reinen Nationalstolz bezeichnen könnte) von derselben Art war, die wenige Jahre später viele von ihnen für den Widerstand mobilisieren sollte. Es mag seltsam erscheinen, aber so ist es nun einmal: Ein großes Volksgefühl passt nicht durch das Nadelöhr zu vieler elitärer Anwandlungen und zu vieler ‚Unterscheidungen' im politischen Alltag.[7]

Dieser Text (veröffentlicht in einer Zeitung wie *L'Unità* in den 1980er Jahren!) ist also indirekt die beste Antwort auf die vielen

Fragen von heute: ‚Aber haben die Juden nicht gemerkt, dass sich die Schlinge um ihren Hals zuzog? Hat die italienische Gesellschaft sich nicht gegen diese Schande aufgelehnt, die sich allmählich abzeichnete? Und die jungen Leute, die Intellektuellen, die später die herrschende Klasse und die intellektuelle Elite des republikanischen Italiens werden sollten, wie haben sie sich Gehör verschafft?' Die heutige Sichtweise von uns, die in die Demokratie hineingeboren wurden und glauben, dass unser Denken völlig selbstverständlich ist, birgt die Gefahr einer verzerrten Wahrnehmung. Die große Mehrheit der Italiener und Italienerinnen verstand die Situation damals nicht, und wenn die Menschen sie verstanden, unterstützten sie sie. Die überwiegende Mehrheit der Intellektuellen teilte die Linie Mussolinis und untermauerte die guten Absichten zuweilen mit theoretischen Texten, für die man sich heute schämt. Die große Mehrheit der Intellektuellen, die später das Rückgrat der demokratischen und fortschrittlichen Kultur bilden sollten, begrüßten die Entscheidungen des Regimes, teilten sie, berichteten davon in jugendlichen (und manchmal nicht einmal mehr jugendlichen) Schriften und nahmen in ihren schwarzen Hemden an den Littoriali teil, einer Art Olympiade der faschistischen Studenten in den Bereichen Kultur, Kunst und Sport, die von 1932 bis 1940 stattfand. Nehmen wir uns eine Minute Zeit für den Schwur, den die teilnehmenden Jugendlichen nach dem Sieg in einem der regionalen Wettbewerbe feierlich ablegten:

> Ich werde kämpfen, um alle Prüfungen zu bestehen und alle Rekorde zu brechen, mit Kraft auf den Kampfplätzen, mit Wissen in den wissenschaftlichen Versammlungen. Ich werde kämpfen, um im Namen Roms zu siegen. Ich werde so kämpfen, wie der Duce es befiehlt. Das schwöre ich.

So riefen es auch Pietro Ingrao und Pier Paolo Pasolini, Giuliano Vassalli, Paolo und Vittorio Taviani, Renato Guttuso und Vasco Pratolini. Viele andere hätten diesen Schwur auch brüllen wollen, doch sie wurden abgewiesen. Es kostet uns heute nichts, und es geht uns leicht über die Lippen, dass dies die falsche Seite war. Aber wir haben diese Zeit nicht erlebt. Und diejenigen, die uns hätten helfen können, sie zu verstehen, haben es nicht getan: Viele wichtige Mahner der Zeit, als die Demokratie vierzig Jahre später durch die terroristischen Anschläge in Gefahr zu sein schien, während der Entführung von Aldo Moro (selbst ein Gewinner bei den Littoriali) durch die Brigate Rosse, waren während des gesamten Ventennio[8] überzeugte Anhänger Mussolinis. Angefangen bei Norberto Bobbio, der diese Anhängerschaft fast sein ganzes Leben lang verheimlichte. Und das taten auch viele andere.

Aber warum kam es zu dieser Massenhypnose? Die Gründe dafür sind vielfältig: Angefangen bei der Unterdrückung anderer und kritischer Ideen, der Propagandaklugheit des Regimes, samt der Nutzung der neuen Massenmedien wie Radio und Kino; dem historischen Zusammentreffen mit den größten Fortschritten in Wissenschaft und Technik, die der Faschismus für sich reklamierte; der Möglichkeit für Wirtschaft und Industrie, den Staatsapparat ausgiebig zu nutzen; der Verstädterung; dem Nationalismus, der durch die kolonialen Eroberungen belohnt zu werden schien; bis hin zum Kult um Benito Mussolini, der systematisch gefördert wurde, aber auch eine Quelle weit verbreiteter und aufrichtiger Faszination war. Das kleine Italien war wichtig, es saß am Tisch der Großmächte, seine Armee eroberte Länder. Sogar die Juden und Jüdinnen selbst waren davon begeistert und schafften es, zu relativieren und die (vereinzelten) Hinweise auf die spätere Tragödie nicht sehen zu wollen.

Es genügt, Giorgio Bassanis außergewöhnlichen Zyklus *Roman von Ferrara* zu lesen: In *Die Brille mit Goldrand* und *Die Gärten der Finzi-Contini* finden wir ein verständnisvolles jüdisches Bürgertum, das unfähig ist, den Verrat durch Italien und den Faschismus zu begreifen. Bassani selbst erinnerte sich später:

> Ich stamme aus einer solchen Familie: jüdisch und faschistisch. Aber um es klar zu sagen: Unzählige andere jüdische Familien waren

> damals wie unsere, so normal (und banal) wie unsere. Wir waren kleinbürgerlich, mit den gleichen Schwächen, den gleichen Fehlern, den gleichen Unzulänglichkeiten wie das damalige gemäßigte katholische Kleinbürgertum. Es mag seltsam erscheinen, aber vor 1938 gab es nur sehr wenige italienische Juden, die nicht dem Haus Savoyen ergeben waren, während der Duce, der das Reich erobert hatte, für viele unserer Mütter, Tanten und Schwestern eine Art Idol darstellte.[9]

„Vor 1938": Es gibt keinen Aufsatz, keine Erinnerung, kein Zeugnis, das diesen Wendepunkt ausspart oder unterschätzt. Das ruhige Leben der Segres in Mailand und der wenigen tausend jüdischen Familien in Italien wurde innerhalb weniger Monate und ohne erkennbare Vorwarnung aus der Bahn geworfen. Inzwischen gibt es zahlreiche historische Studien, die alle Anzeichen und Etappen der Annäherung an die Rassengesetze untersucht haben. Niemand – außerhalb des inneren Kreises der obersten Führung des Regimes – konnte jedoch auch nur im Entferntesten diese Maßnahmen erahnen, die unserer Rechtskultur und jeglicher politisch-kulturellen Arbeit völlig fremd sind. Alle italienischen Juden und Jüdinnen wussten, was in Deutschland geschah. Die antisemitische Verfolgung war eine Grundlage des Nationalsozialismus, die sich bereits in Hitlers Buch *Mein Kampf* angekündigt hatte. Aber das war anderswo, es stand in einem Buch. Es schien eine andere Geschichte zu sein, die, wenn überhaupt, den Zionismus anheizen sollte, die neue jüdische Utopie einer Rückkehr nach Eretz Israel, zu der sich die meisten säkularen und bürgerlichen italienischen Juden wenig hingezogen fühlten. Das Mitteleuropa der jüdischen Dörfer, der *Shtetl*, die antisemitische Wut, die sich in den Pogromen entlud, fanden auf jeden Fall ‚anderswo' statt.

Alle Regime wählen immer den Sommer für die härtesten und unangenehmsten Aktionen. Für den Faschismus war es der Sommer 1938. Jedes Datum hätte es verdient, als ‚Tag der Schande' in Erinnerung zu bleiben: Am 14. Juli wurde das *Manifest der rassistischen Wissenschaftler* veröffentlicht (Art. 9: „Die Juden gehören nicht zur italienischen Rasse"); am 19. Juli wurde die Generaldirektion für Demokratie und Rasse gegründet; am 5. August verkündete eine *Informazione Diplomatica*, dass von nun an die Anwesenheit von Juden im Staatsleben im Verhältnis zu ihrer Zahl stehen „muss und wird"[10], d. h. einer von tausend für jede Funktion. Am selben Tag verbot man ausländischen jüdischen Schülern und Schülerinnen, sich für das neue Schuljahr anzumelden; am 9. August befahl man den Schulleitern, alle jüdischen Vertretungslehrer zu entlassen; am 17. August teilte man den Präfekten mit, dass die Nicht-Zugehörigen zur italienischen Rasse in jedem öffentlichen Amt zu ersetzen seien; am 2. und 3. September verwies die Regierung die Juden von den Schulen: Es durfte keine Juden mehr unter den Lehrern aller Klassenstufen und den Schülern aller öffentlichen Schulen geben, und sie verbot allen ausländischen Juden, sich in Italien niederzulassen, zudem entzog sie allen ausländischen Juden die italienische Staatsbürgerschaft, wenn sie diese vor weniger als zwanzig Jahren erworben hatten. Am 6. Oktober holte der Große Rat, das oberste Organ des Faschismus, zum Schlag aus: Verbot von Mischehen; Verbot für Bedienstete des Staates und der öffentlichen Einrichtungen, ‚ausländische Frauen' zu heiraten; Verbot für Juden, der faschistischen Partei beizutreten, Unternehmen mit mehr als hundert Beschäftigten oder mehr als fünfzig Hektar Land zu besitzen und Militärdienst zu leisten.

So das Regime. Und das Volk? Die Historiker sind sich einig, dass die Rassengesetze, obwohl sie nur einen von tausend Italienern betrafen, dazu beitrugen, der öffentlichen Meinung die faschistische Marschrichtung klarzumachen. Bis zu den Gesetzen von 1938 konnte sich jeder Italiener hinter dem Vorhang aus Gleichgültigkeit, Fehlinformation und Illusion verstecken, den der Faschismus geschaffen hatte. Nun nicht mehr. Vielleicht waren die Italiener tatsächlich im Begriff, dem Regime den Rücken zu kehren. Mit Sicherheit aber wandten sich viele, zu viele von den Opfern der Rassengesetze ab. Diese Gesetze wirkten sich auf Tausende von Stellvertretern, Profiteuren, Denunzianten und

Intriganten, aber auch auf Schul- und Arbeitskollegen, Nachbarn, Geschäftspartner und Angestellte, Freunde und Bekannte aus. Manche hatten einen Vorteil, manche feilschten darum, manche machten ihr Glück; doch es gab auch jene, deren Leben sich nicht im Geringsten veränderte, jene, die zusahen und schicksalsergeben zuließen, dass die völlig gleichen Bürger allmählich aus der Gesellschaft herausrutschten, in ihren Häusern eingesperrt, gedemütigt und immer offener beschimpft und verhöhnt wurden, und zwar wegen eines schmutzigen und unfairen Feldzugs, der die Schuld an dieser ‚Säuberungsaktion' auch noch auf die Opfer abwälzte. In Kriegszeiten ist jeder Schrecken relativ. Aber die Rassengesetze traten fast zwei Jahre vor dem Eintritt Italiens in den Weltkrieg in Kraft. Die erneute Ghettoisierung der Juden – das muss man anerkennen – wurde durch die Menschlichkeit und Solidarität von vielen anderen Italienern und Italienerinnen gemildert, ihren Freunden und Bekannten, die ihnen in vielerlei Hinsicht halfen, insbesondere vor dem Kriegseintritt. Dann änderte sich alles. Und die Geschichte von Liliana und ihrem Vater erinnert uns genau daran. Es hat keinen Sinn, die üblichen Ausnahmen hervorzukramen, die immer wieder auftauchen, um die Litanei der ‚guten Italiener' herunterzubeten. Es waren in der Tat Ausnahmen, und zwar wenige. Und es war nicht so sehr eine materielle, sondern vor allem eine moralische Tatsache, wie Renzo De Felice schlüssig herausgearbeitet hat:

> Finanzielle Verluste, zerstörte Karrieren können entschädigt werden, Wunden können mit der Zeit heilen, der Schmerz um tote Angehörige kann im Angesicht der Ungeheuerlichkeit der Tragödie, die die gesamte Menschheit getroffen hat, gelindert werden; das, was jedoch nicht wieder gutgemacht, nicht heilen, nicht gelindert werden kann, ist das moralische Drama der Juden, die Italiener waren, die sich italienisch fühlten, die italienisch sein wollten und denen all dies innerhalb weniger Wochen grundlos verwehrt wurde.[11]

Liliana Segre steht kurz vor ihrem achten Geburtstag, als sich ihr Schicksal für immer verändert. Sie gehört zu den Tausenden von Grundschulkindern, die nicht mehr in die Schule zurückkehren dürfen, die ihre Lehrerin und ihre Mitschüler nicht mehr wiedersehen werden, und dies wird nur das erste Glied in der Kette der Verfolgung sein. Es ist ihre unmittelbare Erinnerung, durch die wir in diesem Buch erfahren und verstehen lernen, wie diese Entscheidungen das Leben so vieler Menschen und auch ihr eigenes Leben unmittelbar verändert haben. Liliana Segres Erzählung ist eine Ich-Erzählung, eine Erzählung, die nicht durch Interview-Fragen unterbrochen wird. Diese Erzählung ist das Zeugnis dessen, was wirklich geschehen ist, von einer Frau, die Schritt für Schritt diesen Abstieg in die Hölle erlebt hat. Liliana Segre erzählt mit chirurgischer Präzision, aufmerksam beobachtet sie ohne Unterlass und versucht zu verstehen, in Erinnerung an ein Mädchen, das um ihr Leben kämpfen musste, und dies unter der Obhut eines Vaters, der für sie die einzige Familie war, da sie ihre Mutter nie kennengelernt hatte. Liliana Segre besitzt die gleiche Fähigkeit wie Primo Levi, die dessen Werk so unverzichtbar macht: Mit scheinbarer Distanz schält sie die notwendigen Elemente heraus, um die Abfolge von Fakten, Grausamkeit, Mitwisserschaft und Zufällen verständlich zu machen, die während der Zeit ihrer Vertreibung aus der Schule, der Deportation nach Auschwitz und bis zu ihrer Rückkehr passierten. Oft heißt es, dass die Erinnerung und das Aufzählen dieser erschreckenden historischen Tatsachen dazu dienen, die Thesen und Argumente jener zum Schweigen zu bringen, die die Shoah relativieren, umschreiben oder sogar leugnen wollen; und dass die Erinnerung für uns unentbehrlich ist, um zu verhindern, dass all dies eines Tages wieder geschieht. Für mich ist jedoch all das, woran Liliana Segre erinnert, vor allem an und für sich wichtig und wertvoll. Es ist notwendig, dass die Leser und Leserinnen erfahren, wie die Italiener einen winzigen Teil ihres Volkes ausgegrenzt und vernichtet haben, der sich von der restlichen Bevölkerung in keiner Weise unterschied. Sie haben die Menschen an den Rand gedrängt, ihr Eigentum beschlagnahmt, sie gedemütigt und schließlich den Massenmördern überlassen. Und danach haben sie versucht, dieses nationale Verbrechen zu verdrängen. Lilianas Rückkehr aus der Hölle, so wie die aller anderen Überlebenden, widerlegt ein weiteres Mal den Mythos vom ‚guten Italiener'. Die Menschen wollten einfach nichts wissen, geschweige denn sich daran erinnern, wie und von wem all dies möglich gemacht worden war. Nie hat sich jemand bei Liliana Segre entschuldigt. Kein Rädchen im Getriebe, kein williger Helfer, kein Zeuge der fortschreitenden Ausgrenzung und Verfolgung dieses Vaters und seiner Tochter haben sich gemeldet, um Reue oder Bedauern auszudrücken. Niemand. Keine neue Obrigkeit hat sich in der Nachkriegszeit je darum bemüht, zu verstehen, zu helfen oder aufzuklären. Die meisten von denen, die das hätten tun sollen, existierten ja schon, als alles passierte. Wir wissen von Primo Levi, wie sehr er um die Veröffentlichung von *Ist das ein Mensch?* gekämpft hat, wie oft große Verlage sein Manuskript ablehnten und dass schließlich ein kleiner Verlag sein Buch druckte, das kaum mehr als tausend Menschen kauften. Die fünfzehnjährige Liliana merkte sofort, dass das, was sie erlitten hatte, niemanden interessierte, dass die Menschen ihre Versuche, ihre Geschichte zu erzählen, umgehend mit einem „Und du weißt ja gar nicht, wie viel auch ich durchgemacht habe" unterbanden, um den Holocaust als eines von vielen Problemen des Kriegs abzutun. Eine immense Tragödie, eine immense Verdrängung. Also schob auch sie alles beiseite. Und vielleicht hat das sie gerettet. Auf jeden Fall hat sie sich eine klare, deutliche und umfassende Erinnerung bewahrt. Liliana Segre wartete, bis ihre Kinder erwachsen waren, bevor sie zu erzählen begann, und erst da erfuhren ihre Tochter und ihre beiden Söhne, wie alle anderen auch, davon. So hatte sie es stillschweigend mit dem Mann ihres Lebens entschieden. Es war ein säkulares und bürgerliches Leben, wie das der Familie Segre in den 1930er Jahren, das eigentlich auch so bleiben sollte. Es fällt Liliana Segre immer noch schwer zu erzählen. Ihr zuzuhören, ist für uns lebenswichtig.

Ich schulde Liliana Segre zudem noch etwas ganz anderes, etwas Persönliches. Biografische Darstellungen haben sehr oft etwas offenkundig Kommerzielles an sich. Sie werden fast immer aus geschäftlichen Gründen oder aus Eitelkeit geschrieben oder aus existenzieller Notwendigkeit oder – dem vorherrschenden Prozedere folgend – auf Anregung eines Verlags. Doch dieses Buch entstand ohne all diese Absichten und Vorgehensweisen, sondern nur aufgrund einer gegenseitigen Zuneigung, die bei jedem Treffen mit Liliana so sehr wuchs, dass schließlich die Freude, uns zu sehen, ihre Anstrengung des Erinnerns übertraf. Für mich ist es leicht zu erklären: Diese Frau lebt spirituell diametral entgegengesetzt von Fanatismus und Vorurteilen, und durch die Klarheit ihrer Erinnerung und ihrer Reflexion über das, was sie erlebt hat, nimmt sie aller Rhetorik, aller Heimkehrer-Nostalgie und allem Schund den Wind aus den Segeln. Doch sie erzählt auch eine mir vertraute Geschichte, von der ich nicht möchte, dass sie verloren geht, und das nicht nur wegen ihres mahnenden Charakters. Als ich das letzte Mal zu Liliana Segre fuhr, um ihr zuzuhören und mit ihr zusammen zu sein, neckte mich meine älteste Tochter: „Sie könnte glatt deine Mutter sein!" Eben. Ich möchte, dass Sie alle, die ihre Geschichte lesen, das denken.

Alle Anmerkungen im Buch sowie das Personenglossar wurden von der Übersetzerin ergänzt.

1 Emil Ludwig: *Mussolinis Gespräche mit Emil Ludwig*. Berlin: Zsolnay 1932, S. 76.

2 Michele Sarfatti: *Die Juden im faschistischen Italien. Geschichte, Identität, Verfolgung*, aus d. Ital. v. Thoma Vormbaum / Loredana Melissari. Berlin / Boston: de Gruyter 2014, S. 24.

3 Generoso Pope: Gli ebrei in Italia. In: *Il Progresso Italo-Americano*, 04.07.1937. https://digital-library.cdec.it/cdec-web/viewer/cdecxDamsHist006/IT-CDEC-ST0006-000133#page/2/mode/1up (Zugriff am 12.11.2023).

4 Nach dem italienischen Angriff auf Äthiopien am 3. November 1925, der schließlich zum Krieg führte, verhängte der Völkerbund gegen das faschistische Italien Wirtschaftssanktionen. Diese traten am 18. November 1935 in Kraft und dauerten bis zum 14. Juli 1936.

5 Der feststehende Ausdruck ‚perfides Albion' bezeichnet die angebliche Hinterhältigkeit der britischen Außenpolitik und geht auf das Gedicht des Franzosen Augustin Louis de Ximénès *L'Ère des Français* aus dem Jahr 1793 zurück.

6 Balilla (Opera Nazionale Balilla, ONB) war die 1926 gegründete Jugendorganisation der Nationalen Faschistischen Partei Italiens. Sie diente der physischen und moralischen Erziehung der Jugend. Die Organisation war in verschiedene Untergruppen eingeteilt: Sechs- bis achtjährige Jungen waren bei den Figli della lupa (Wolfssöhne). Jungen zwischen acht und vierzehn Jahren gehörten zu Balilla, Jungen zwischen vierzehn und achtzehn Jahren waren Avantgardisti. Die Mädchen waren in eigenen Gruppen organisiert (Figlie della lupa / Wolfstöchter, Piccole italiane / Kleine Italienerinnen und Giovani italiane / Junge Italienerinnen).

7 Giovanni Giudici: Riparliamo dell ‚perfida Albione'. In: *L'Unità*, 20.10.1985, S. 1 u. 24.

8 Ventennio bezeichnet die zwei Jahrzehnte faschistischer Herrschaft in Italien von 1922 bis 1943.

9 Giorgio Bassani: L'assalto fascista alla Sinagoga di Ferrara. In: Luigi Arbizzani / Alberto Caltabiano (Hrsg.): *Storia dell'antifascismo italiano*, Bd. II: Testimonianze. Rom: Riuniti 1964, S. 164–165.

10 Informazione Diplomatica Nr. 18: *Sulla questione ebraica* von Benito Mussolini, 5. August 1938. In: *Il Popolo d'Italia*, 06.08.1938. Bei einer Informazione Diplomatica handelte es sich um eine Erklärung von Regierungsseite.

11 Renzo De Felice: *Storia degli ebrei sotto il fascismo*. Turin: Einaudi 1961, S. 330.

ERINNERN MACHT FREI

DAS UNTERBROCHENE LEBEN EINES MÄDCHENS IN DER SHOAH

FÜR EDOARDO, DAVIDE UND FILIPPO

GEGEN DAS VERGESSEN

1
JÜDIN WERDEN

Am 5. September 1938 hörte ich auf, ein Mädchen wie jedes andere zu sein. Bis dahin bedeutete, Jüdin zu sein, für mich, dass ich vom Religionsunterricht befreit war. Während alle anderen Schülerinnen in der Klasse blieben, tobten ich und vier oder fünf andere Mädchen im Korridor herum. Wir nahmen Anlauf und schlitterten tollkühn über den vom Hausmeister gebohnerten Boden. Unsere Mitschülerinnen beneideten uns sehr. Ich kann mich nicht daran erinnern, je das Wort ‚Jude' in der Schule gehört zu haben, weder von den Schülerinnen noch von den Lehrern. Zudem wusste ich eigentlich nicht, was es bedeutete.

Meine Familie war laizistisch, so wie die meisten jüdischen Familien in Italien. Wir hielten uns nicht an die Kashrut[1], die jüdischen Speisevorschriften, zu Hause aßen wir alles und gingen nie in die Synagoge. Ich war als Kind nur einmal in einer Synagoge gewesen. Im Gotteshaus in der Via Guastalla erlebte ich die Hochzeit von Ornella, der Schwester von Tullia Calabi, deren Vater ein Cousin meines Großvaters war. An diesen Tag erinnere ich mich aber nur schwach: Ich hielt den Schleier der Braut und kam mir vor wie in einem Theater bei einer Aufführung. Das Judentum mit all seinen tiefergehenden Bedeutungen und seinen alltäglichen Ritualen war mir damals völlig fremd.

Ich verlebte meine Kindheit im Haus meiner Großeltern väterlicherseits, bei Olga und Pippo Segre. Meine Mutter Lucia war mit sechsundzwanzig Jahren an einem Darmtumor gestorben, und mein Vater Alberto, der als Einunddreißigjähriger mit einem wenige Monate alten Baby Witwer geworden war, zog wieder zu seinen Eltern. Mein Großvater war ein Mann von bescheidener Herkunft, der aus dem Nichts eine gutgehende Firma aufgebaut hatte, die der Familie einen gewissen Wohlstand sicherte, ihr eine schöne Wohnung in der Via Magenta und sogar ein kleines Gestüt bescherte. Großvater war praktisch veranlagt und zielstrebig, und obwohl er nur einen niedrigen Schulabschluss hatte, wollte er, dass seine Kinder eine Universität besuchten (mein Vater machte seinen Abschluss an der Bocconi[2]). Als überzeugter Atheist lebte er lieber in der Gegenwart und stellte nicht allzu viele Fragen über das, was ihn nach dem Tod erwartete. Für ihn war das Leben nach dem Tod das ‚große Nichts' und nicht ein Ort der Glückseligkeit. Er hielt sich an zwei solide Grundsätze und gab sie an seine Lieben weiter: Verschuldet euch nie, übernehmt euch nicht.

Trotz all dieser Seelenstärke konnte Großvater jedoch nichts gegen die Krankheit ausrichten. Er bekam Parkinson und begann schon nach kurzer Zeit, am ganzen Körper zu zittern. Er musste seinen Beruf aufgeben, der für ihn lebenswichtig war, und verfiel. Zu jeder Tages- und Nachtzeit brauchte er Hilfe.

Großmutter Olga hatte ihn sehr jung, bereits mit siebzehn Jahren, in einer arrangierten Ehe geheiratet. Sie war eine bescheidene, gutmütige Frau mit wenigen Interessen, die sich selbst um die Hausarbeit kümmerte und nur zum Einkaufen das Haus verließ, während vornehme Damen alles ihren Dienstmädchen überließen. Ich ertrug ihre Naivität, ihren Aberglauben nicht: Eine schwarze Katze, verschüttetes Öl, ein auf dem Bett liegen gelassener Hut oder ein offener Regenschirm im Haus erfüllten sie mit Furcht, und ich tat mit subtiler Bosheit alles, damit sie immer wieder solchen Unglücksboten begegnete. Sie war das Lieblingsopfer meiner Bosheit und meiner Ungeduld, die langsame und nicht so schlaue Menschen damals in mir anheizten. Ich mochte sie nicht besonders, auch weil ich sie unweigerlich mit Bianca, meiner

Großmutter mütterlicherseits, verglich. Bianca war groß, elegant, hatte schönes weißes Haar und trug eine Perlenkette, sie war mein Idol. Für mich war sie eine fantasievolle Königin, die immer mit mir spielte, während Olga all die weiblichen Eigenschaften verkörperte, von denen ein übermütiges kleines Mädchen wie ich nichts wissen wollte. Sie war zuvorkommend und gehorsam, sagte nie ein Wort zu viel und tat alles, was man ihr auftrug. Als 1942 die ersten Bomben auf Mailand niedergingen, fiel sie vor Angst in Ohnmacht und kam erst durch Riechsalz wieder zu Bewusstsein. Im Nachhinein betrachtet, hatte sie allen Grund, sich zu fürchten, doch mir kam das damals wie Theater vor: Ich war nur ein kleines Mädchen und erlebte alles wie ein Abenteuer.

Seit Jahren habe ich Gewissensbisse, wenn ich an sie denke, und es ist mir sehr peinlich, wie ungerecht ich ihr gegenüber war. Großmutter Olga ertrug die Krankheit ihres Mannes mit außergewöhnlicher Kraft, widmete sich ihm in der Stunde seines unaufhaltsamen Verfalls mit Liebe und Würde und durchlebte mit großem Mut die Tragödie der Shoah.

Mein Vater Alberto und mein Onkel Amedeo waren ihren Eltern sehr zugetan. Sie arbeiteten beide für meinen Großvater: Papà kümmerte sich um die wirtschaftlichen Belange, sein Bruder reiste als Vertreter durch Italien und managte den Verkauf. Sie waren nur ein Jahr auseinander und liebten sich sehr, doch sie hatten völlig unterschiedliche politische Ansichten.

Mein Vater war im Dezember 1899 geboren und nach der Schlacht bei Caporetto[3] einberufen worden, wie alle ‚Jungs des Jahrgangs 1899'. Er hatte also nur ein paar Monate am Ersten Weltkrieg teilgenommen. Mein Onkel hingegen, ein überzeugter Nationalist, hatte in den Schützengräben gekämpft und war ausgezeichnet worden. Als er von der Front zurückkehrte, war er schockiert, dass die ‚Roten' in Mailand auf die Kriegsheimkehrer spuckten, und vielleicht wurde er auch aus diesem Grund mit dem Aufstieg Mussolinis ein Sansepolcrista[4], ein Faschist der ersten Stunde. Er gehörte zu einem der ersten Kampfbünde, die sich in

der Stadt bildeten, der Stadtteilgruppe Crespi di Porta Magenta, die sich über dem Café Biffi an der Piazzale Baracca traf. Er war der Schatzmeister der Sektion, und als der Faschismus ihm den Rücken kehrte, empfand er dies als grausamen Hohn. „Bei all dem Geld, das ich der Gruppe gespendet habe“, bemerkte er bitter.
Mein Vater hingegen war pessimistisch und desillusioniert, er verabscheute Mussolini und war zutiefst antifaschistisch. In meiner Familie herrschte zwar eine Atmosphäre gegenseitigen Respekts, aber Vater ließ keine Gelegenheit aus, die Begeisterung seines Bruders zu dämpfen. „Amedeo, du irrst dich“, sagte er immer wieder.
Er ertrug die Paraden, die mit Orden dekorierten Parteifunktionäre und die Turnstunden von Achille Starace nicht, so wie ich sie instinktiv ebenfalls nicht ertrug. Doch es gab vor diesen Machtdemonstrationen, diesem für den Faschismus so typischen Getöse kein Entrinnen. Ich musste es nicht nur auf der Straße und in der Schule ertragen, sondern auch im Kino. Großvater nahm mich oft mit ins Kino, wir gingen ins Dal Verme oder ins Eden am Largo Cairoli, und als die Beine ihn nicht mehr trugen, begleitete mich mein Vater. Bevor der Film anfing, lief im Kino die Luce-Wochenschau, und Papà konnte sich nie zurückhalten. Bei den Berichten, die das Regime feierten, bei den Filmschnipseln mit den aufgeblasenen Parteifunktionären, die den römischen Gruß zeigten, wand er sich in seinem Sitz und kommentierte lautstark die Bilder. Dasselbe tat er, wenn deutsche oder japanische Verbündete in den Aufnahmen auftauchten. Ich spürte, dass sein Verhalten gefährlich sein könnte, allerdings nur ganz diffus, denn ich war zu jung, um wirklich zu begreifen, in welcher Gefahr wir uns befanden.
Mein Vater war ein nüchterner und ernster Mann, der mir gegenüber sehr anspruchsvoll war, denn er wollte mich auf jeden Fall richtig erziehen. Er war für mich Vater und Mutter in einer Person, daher war er streng, gleichzeitig hatte er jedoch eine weibliche Sanftheit entwickelt, so dass ich eine Mutter nie wirklich vermisste.

Wenn ich mein Gemüse nicht essen wollte, schickte er mich zur Strafe in die Küche. Hätte er allerdings gewusst, was für einen Spaß ich mit den Hausangestellten hatte … Sie redeten die ganze Zeit über ihre Verehrer, und zwischen einem Geständnis und dem anderen entschlüpfte ihnen immer irgendeine Indiskretion. Von ihnen erfuhr ich, dass mein Onkel eine Freundin hatte – eine ‚Ausgehaltene', wie man damals sagte – von bescheidener Herkunft.

„Tja, Amedeo hat eine Freundin. Sie arbeitet im Kaufhaus Rinascente."

Mein Kindermädchen, eine sehr neugierige Frau, nahm mich ein paar Mal mit zu Rinascente, um herauszufinden, wer das wohl war … Das Interesse an dieser geheimnisvollen Signorina, die Enrica hieß, erlosch jedoch, als mein Onkel, ein ewiger Junggeselle, sie 1937 endlich heiratete.

Gegen Ende des Sommers 1938 änderte sich mein Leben unvermittelt. Ich war acht und mein Vater hatte ein kleines Haus in Premeno am Lago Maggiore gemietet. Er war überzeugt, dass das Klima am See zu dieser Jahreszeit ein Allheilmittel wäre, aber ich langweilte mich schrecklich.

Eines Tages, als wir mit unseren Großeltern am Tisch saßen, hörten wir im Radio, dass ab November für Juden eine Reihe von Einschränkungen in Kraft treten würden.

Dieser Augenblick hat sich in mein Gedächtnis eingebrannt. Ich erinnere mich an alles: an das Gesicht des Dienstmädchens, das am Tisch stand und von der Servierplatte vorlegte, an die Details im Esszimmer, an die Reihenfolge, in der wir saßen, an die Gesichter meines Vaters und meiner Großeltern. Sie sahen mich an und erklärten mir, dass ich nicht mehr zur Schule würde gehen können. Die dritte Klasse würde ich nicht besuchen können. Ich war ein mutterloses Einzelkind, und das war auch der Grund, warum ich gern zur Schule ging. Ich war immer sehr gesellig gewesen und hatte viele Freundinnen: Plötzlich wurde ich aus meiner Welt verwiesen.

Dieses Wort – ‚verwiesen' –, das mein Vater aussprach, war ein Schock für mich. Wenn einem Kind gesagt wird: „Du bist von der Schule verwiesen worden", glaubt es, dass es etwas falsch gemacht hat: Es wird ausgeschlossen, weil es schuldig ist. Und so fragte ich denn auch: „Aber warum? Was habe ich getan?" Es bedurfte viel Geduld und jeder Menge Zärtlichkeit, um mir klarzumachen – soweit ich das damals verstehen konnte –, dass nicht ich es war, die etwas falsch gemacht hatte. Es war ein Gesetz, das vorsah, dass alle Juden und Jüdinnen von den Schulen und aus vielen anderen Aktivitäten ‚verwiesen' werden sollten.

In jenem Herbst erließen die Faschisten eine endlose Reihe von Verboten, die uns nach und nach alle Rechte nehmen sollten, die sogenannten Rassengesetze: Personen ‚jüdischer Rasse' wurden aus der Armee, der öffentlichen Verwaltung, den Universitäten, den Versicherungsgesellschaften und den Banken ausgeschlossen, es war ihnen verboten, die unterschiedlichsten Handelsgeschäfte zu tätigen, Immobilien und Unternehmen über einem bestimmten Wert zu besitzen, ‚Arier' zu heiraten, Hausangestellte zu beschäftigen oder einfach nur ein Radio zu haben.

Ein paar Tage später kehrten wir nach Mailand zurück. Hinter meinem Rücken unterhielten sich mein Vater und mein Großvater leise und beratschlagten ausführlich, was für mich das Beste wäre. In jeder Stadt organisierten die Juden private Schulen, jüdische Schulen, in denen die Kinder weiter lernen konnten. Aber mein Vater wollte davon nichts wissen: Außerhalb der Verwandtschaft hatte er selbst nie am jüdischen Leben teilgenommen. Seine Freunde trugen Nachnamen, die nichts mit der jüdischen Welt zu tun hatten: Civelli, Bernasconi, Moia und viele andere. Es waren Freunde aus seiner Studienzeit oder Leute, die er bei den Pferderennen in San Siro kennengelernt hatte.

Am Ende setzte sich der Vorschlag meiner katholischen Tante Enrica durch. Sie überzeugte die Familie, dass ich unbedingt getauft werden müsse, um mich zu schützen. Sie riet meinem Vater, mich im Institut der Nonnen der Santa Marcellina anzumelden. Sie hatte meinen Fall bereits mit den Nonnen besprochen, die ihr sagten: „Wir nehmen dieses Mädchen auf, aber nur, wenn sie getauft ist.“ Eines Tages nahm Tante Enrica mich dorthin mit, und um ehrlich zu sein, gefiel mir diese reine Frauen-Welt mit den raschelnden Schleiern sogar. Damals handelte es sich um eine Schule nur für Mädchen. Wir gingen in die Kirche, um das Jesuskind zu betrachten, und ich stellte fest, dass um mich herum so etwas wie Harmonie und Sanftheit herrschten. ‚Freundlich‘ scheint mir das passendste Wort dafür zu sein. Die Nonnen waren mir gegenüber freundlich. Schließlich verkündeten sie, dass ich getauft werden sollte. Ich hatte noch nie etwas von Religion gehört und wusste nicht einmal, was das bedeutete.

So gingen wir eines Nachmittags im Oktober 1938 mit meinem Vater, meinen Großeltern Segre und meiner Tante, die gleichzeitig meine Patentante war, zur Kirche San Vittore. Meine Großeltern mütterlicherseits, aus der Familie Foligno, waren sehr religiös, daher lehnten sie meine Taufe ab und erschienen nicht. Sie ließen sich weder taufen noch traten sie in die faschistische Partei ein. Mein Großvater, Rechtsanwalt Alfredo Foligno, blieb bis zuletzt Freimaurer.

Es war ein schrecklicher Tag. In einem vollkommen weißen Kleid, das sie mir für diesen Anlass gekauft hatten, fand ich mich in einer Zeremonie wieder, die ich nicht verstand. Mein Vater, ein überzeugter Atheist, weinte hemmungslos hinter einer Säule. Ich sah ihn und begann ebenfalls zu weinen. Das Wasser des Taufbeckens und meine Tränen vermischten sich.

Am Ende dieses Rituals ging ich unter Schluchzen, Tränen und voller Verzweiflung mit Tante Enrica zur Piazza Tommaseo, wo die Marcelline – teils aus mangelnder Sensibilität, teils aus psychologischer Unwissenheit – eine kleine Feier für mich vorbereitet hatten, bei der einige fremde Mädchen mir die Hand gaben. Von diesem Tag ist mir eigentlich nur das verzweifelte Weinen in Erinnerung geblieben.

2

IN DER SCHULE BEI DEN MARCELLINE

Trotz dieses schrecklichen Auftakts ging es mir bei den Nonnen gar nicht so schlecht. In dieser Schule hatte ich eine Lehrerin, die ich sehr mochte, Signorina Vittoria Bonomi. Großzügig erwiderte sie meine Zuneigung zu ihr und prägte mein Leben in den folgenden Jahren. Noch heute schicken mir ihre Kinder an jedem 27. Januar, dem Holocaust-Gedenktag, Blumen.

Als ich in der sechsten Klasse war und mein Vater merkte, wie stark meine Verbindung zu dieser Lehrerin war, bat er sie oft, uns zu besuchen, damit sie mir bei den Hausaufgaben half. Sie war eine sehr bescheidene junge Frau, die aus der Provinz nach Mailand gekommen war, und errötete jedes Mal, wenn mein Vater das Zimmer betrat, in dem sie mit mir lernte. Ich war zwar noch ein Kind, aber ich merkte genau, dass sie sich in ihn verliebt hatte, während mein Vater sie überhaupt nicht beachtete.

Normalerweise war ich immer total eifersüchtig in Bezug auf meinen Vater – eine Eifersucht, die ich in meinem Leben nie wieder verspürt habe, nicht einmal meinen Mann betreffend, selbst als er mir dazu Anlass gab –, doch damals hoffte ich, dass er sich für Signorina Bonomi interessieren würde. Sie war die einzige Frau, die ich als Mutter hätte haben wollen, als *die* Mutter, so wie ich mir eine vorstellte.

Als wir uns nach dem Krieg wiedertrafen – ich war inzwischen eine Frau und sie eine Dame – gestand ich ihr diese

Kindheitsfantasie: Obwohl sie inzwischen geheiratet und vier Kinder bekommen hatte, errötete sie wieder. Zu ihren Kindern sagte ich immer: „Ich bin eure Schwester, weil ich mir gewünscht habe, dass eure Mutter, eure süße Mutter, auch meine gewesen wäre."

Neben Signorina Bonomi gab es in der Zeit bei den Marcelline noch weitere schöne Dinge. Mir gefiel, was die Nonnen uns beibrachten, aber auch das Erstkommunionskleid, den Geruch von Weihrauch, den Gesang und die Entdeckung einer neuen, zutiefst weiblichen Welt mochte ich sehr. Es war eine liebevolle Umgebung, in der niemand mich ausgrenzte, eine heitere Umgebung, die das Gegenteil dieser Welt voller Probleme war, die ich zu Hause spürte oder erahnte.

Ich lebte in zwei Welten. Auf der einen Seite gab es die Schule, in der ich lachte, scherzte, eine gute Schülerin in einem hübschen Kleid war und so tat, als sei alles in Ordnung. Auf der anderen Seite gab es das Private, voller Tränen, Verzweiflung, Schwermut, finanziellen Sorgen und aufgeschnappten Wortfetzen bei Tisch. Entsprechend der neuen Gesetze durfte kein ‚Arier' mehr im Haushalt einer jüdischen Familie tätig sein. Die Polizei führte beständig Kontrollen durch, und unser überaus treues Dienstmädchen – die wunderbare und unvergessliche Susanna – durfte nicht mehr für uns arbeiten. Doch sie tat es heimlich: Sie kam weiterhin jeden Tag, ohne Schürze, in Zivil, als Gast, nur um uns nicht im Stich zu lassen.

Meine ehemaligen Schulfreundinnen mieden mich. Nur zwei oder drei blieben mir treu. Eine von ihnen ist mittlerweile gestorben, die andere – Giuliana – lebt in Monte Carlo, und unsere Verbindung ist nie abgerissen. Giuliana hatte waldensische Eltern und wusste daher – obwohl sie eigentlich nicht unter sozialer Ausgrenzung litt –, was es heißt, diskriminiert zu werden.

In der Schule habe ich nie darüber gesprochen, was zu Hause vor sich ging, ich haben nie von den vielen Durchsuchungen erzählt, unter denen wir litten. Plötzlich wurde bei uns sturmgeklingelt, und Susanna unterbrach sofort ihre Hausarbeit, um so zu

tun, als sei sie ein Gast. Großmutter Olga und ich öffneten die Tür, und die uniformierten Polizisten, manchmal in Begleitung eines Mannes in Zivil, behandelten uns, als ob wir ein Verbrechen begangen hätten.
„Papiere!"
Es war mir klar, dass so etwas bei meinen Schulkameradinnen nicht vorkam, und das gab mir zu denken. Niemand sagte mir: „Denk dran! Erzähle keinem davon." Das war gar nicht nötig, ich verstand von selbst, dass ich diese Seite meines Lebens verborgen halten musste. In der Schule benahm ich mich, als ob die Welt außerhalb von Santa Marcellina nicht existierte. Doch vor der Tür brauchte ich nur die erste Stufe hinunterzugehen und in das Gesicht meines Vaters zu sehen und schon wusste ich, ob er neue Sorgen hatte. Wir mussten nicht einmal reden. Die wichtigsten Beziehungen benötigen nicht viele Worte. Wenn ich woanders war, bemühte ich mich, mein Zuhause zu schützen, gleichzeitig sah ich es als meine Pflicht an, meine Familie mit Witzen, Lachen und Tanzen aufzuheitern. Selbst in den traurigsten Momenten. Ich hörte stundenlang Radio, viel mehr als andere Mädchen in meinem Alter; meine Familie hörte immer die Nachrichten, und ich wollte nichts verpassen.
Papà liebte Pferde über alles. Er litt unglaublich, als in Folge der Rassengesetze das Gestüt der Familie enteignet wurde, das Onkel Amedeo wegen seiner faschistischen Überzeugung Balilla getauft hatte. Papà war ein ‚gentleman driver', ein Herrenfahrer im Pferdesport, er war Trabrennfahrer und nahm mich oft auf die Rennbahn von San Siro mit. Ich jubelte bei den Rennen und durfte den Fohlen ihre Namen geben: Antoniana, Pampurio, Cea, Zenone, Peter, Fortunello, Signor Bonaventura …
In diesem neuen Leben, das durch die lange Liste von Verboten und Restriktionen aufgrund der Rassengesetze immer schwieriger wurde, gab es aber auch ein paar Momente der völligen Normalität: Wenn ich ein Kleid kaufte oder wenn wir Kinder, die Figli della lupa[5] und die Piccole italiane[6], für den ‚faschistischen Samstag' alle in Uniform auf die Straße gingen. Mein Vater ertrug

den Gedanken nicht, dass auch ich mich so kleiden und turnen musste, und daher drängte er mich immer zu kleinen Taten des zivilen Ungehorsams.
„Vergiss das Abzeichen“, schlug er vor und meinte damit die Anstecknadel in Form eines M, Mussolinis Initial. Oder: „Zieh keine weißen Socken an.“
Das machte er absichtlich!
Die anderen fragten mich: „Hast du etwa schon wieder dein Abzeichen vergessen?“
„Äh, ja…“, antwortete ich. „Ich habe es zu Hause liegen lassen.“
Mein Vater hat viele solcher Dinge getan. Um beispielsweise die Zeitung *Il Popolo d'Italia* lesen zu können, ohne dass der Verlag etwas daran verdiente, kaufte er sie bei seinem guten Freund, dem Zeitungshändler vom Corso Magenta, las sie und brachte sie ihm danach zurück, damit sie in der Remission landete. Der Zeitungshändler behielt die zwanzig Centesimi und remittierte den *Popolo*.
Als das Regime Metall brauchte, ordnete es die Einziehung bestimmter Münzen an: Die Leute konnten zur Bank gehen und sie in Geldscheine umtauschen lassen. Um den Faschismus ja nicht zu unterstützen, behielt mein Vater lieber diese nutzlosen Münzen und verlor somit ziemlich viel Geld.

Wie alle Kinder in meinem Alter war ich mit den offiziellen Bildern des Königs und des Duce vertraut, aber zum Glück ließen die Nonnen uns niemals Aufsätze mit dem Titel „Erzähle, was unser Duce für dich ist“ schreiben, wie es in den staatlichen Schulen der Fall war. Man forderte uns höchstens dazu auf, einen „kurzen Aufsatz über die Madonna des Monats Mai“ zu verfassen. Die Schulbücher hingegen waren für alle gleich und huldigten unverhohlen Mussolini. Die Aufdringlichkeit dieser Rhetorik wurde nach dem Bündnis mit Hitler noch unerträglicher.
Die Rassengesetze und der Pakt mit dem Nationalsozialismus waren ein Schock für Onkel Amedeo. Es war, als ob sich die Vergangenheit gegen ihn gewendet hätte. Später schnitt er auf allen

Fotos, auf denen er das schwarze Hemd trug (selbst auf denen von seiner Hochzeit), sich selbst heraus, um es nicht einzugestehen ... auch sich selbst nicht! Er, der als ehemaliger Offizier mit dem Tapferkeitskreuz ausgezeichnet worden war, der vom ersten Moment an an die faschistische Partei geglaubt und sie seit ihren Anfängen unterstützt hatte, stand plötzlich alleine da und wurde wie ein Paria behandelt. Viele Jahre später, als ich das Buch *Un ebreo nel fascismo* (Ein Jude im Faschismus) von Luigi Preti las, in dem der Protagonist als einzigen Ausweg den Suizid sieht, erlebte ich teilweise die Geschichte meines Onkels wieder.

Mit Ausbruch des Krieges wurde die Situation für die Juden unerträglich: Nach dem Einmarsch in Polen am 1. September 1939 besetzte Hitler den größten Teil Europas und schloss die eroberten Gebiete an das Dritte Reich an, und damit gerieten auch Millionen von Juden und Jüdinnen unter die NS-Herrschaft, unter ihnen jene, die zuvor aus Deutschland geflohen waren. In diesen Jahren der Expansion der deutschen Herrschaft kam es zu einem schwindelerregenden Anstieg der militärisch oder ideologisch begründeten Gewalt. Dies veranlasste alle, die es sich leisten konnten, ihre Familien ins Ausland in Sicherheit zu bringen und dabei bestenfalls auch ihre materiellen Güter zu retten.

Eines Tages besuchten uns die Calabi, die Eltern von Tullia Zevi. „Wir fahren nach Paris und werden uns von dort aus nach New York einschiffen", verkündeten sie, kaum dass sie zur Tür herein waren. „Warum fahrt ihr nicht mit uns?"

Anwalt Calabi sprach lange, ausschließlich in Mailänder Dialekt, mit meinem Großvater und versuchte, ihn davon zu überzeugen, seinem Beispiel zu folgen: Wir sollten alles organisieren und so schnell wie möglich aufbrechen. Als sie sich verabschiedet hatten, rief mein Großvater: „Peppino ist ja verrückt! Was macht er denn? Er hat eine großartige Stellung! Er ist der Anwalt bei San Pellegrino! Wie können sie nur alles stehen und liegen lassen? Sie haben doch so ein wunderbares Haus ... Und in Amerika? Was wollen sie denn dort machen!?"

Doch Anwalt Calabi hatte es begriffen: Hitlers Vormarsch in Europa und der Überfall der Sowjetunion im Juni 1941 markierten den Beginn der groß angelegten Vernichtung der Juden auf dem besetzten Kontinent und den Beginn der „Endlösung". Allein in diesem Jahr wurden eine Million Juden ermordet, im darauffolgenden Jahr zweieinhalb Millionen. Weitere zwei Millionen wurden von 1942 bis zum Ende des Krieges ermordet, darunter die italienischen Juden – und mit ihnen meine Großeltern und mein Vater. Auch wir hätten es schaffen können, hätten wir auf Peppino gehört und uns vorbereitet, doch niemand dachte auch nur im Entferntesten daran. Wir waren Italiener und wollten in Italien bleiben.

Großvater sagte immer: „Sollen wir ihm etwa folgen? Ist er verrückt? Was sollen die Kinder in Amerika denn machen?" Diese Kinder lernten Englisch, fanden Arbeit und ersparten sich viel Leid.

Die Calabi waren nicht die einzigen, die sich von uns verabschiedeten. Viele andere gingen nach Argentinien und retteten sich dank ihrer Weitsicht, aber vor allem dank ihres Optimismus, der bei uns zu Hause fehlte.

Sie retteten sich selbst und die Familienerbstücke, kleine und große Erinnerungen, die man im Leben gern bewahrt. Ich hatte keine Gelegenheit, mich um solche Gegenstände zu kümmern, denn wenn es um einen herum einsam wird, wenn alle, die man liebt, ihr Leben verlieren, ist alles andere unwichtig.

Ohne unsere Susanna, die viele Dinge, wie den Schmuck und die Fotoalben meiner Großmutter Olga, in Sicherheit brachte, hätte ich kaum eine Verbindung in meine Kindheit. Ihr gelang es, diese Dinge vor den faschistischen Schlägertrupps zu schützen, indem sie behauptete, dass sie ihr gehörten. Susanna war gut siebenundvierzig Jahre lang in unserer Familie, und selbst wenn sie kein Leben retten konnte, tat sie alles, was sie konnte, um die Erinnerung an die Segre vor dem Vergessen zu bewahren.

Ich war noch keine zehn Jahre alt, als am 10. Juni 1940 Italien in den Krieg eintrat. Wir hörten es im Radio: „Kämpfer zu Lande, zur See, in der Luft! Schwarzhemden der Revolution und der Legionen! Männer und Frauen Italiens, des Kaiserreichs und des Königreichs Albanien! Hört! Am Himmel unseres Vaterlandes hat eine schicksalhafte Stunde geschlagen. Die Stunde der unwiderruflichen Entscheidungen. Die Kriegserklärung ist bereits den Botschaftern Großbritanniens und Frankreichs übergeben worden. Wir ziehen ins Feld gegen die plutokratischen und reaktionären Demokratien des Westens, die zu allen Zeiten den Vormarsch des italienischen Volkes behindert und oft seine Existenz selbst bedroht haben."[7]

Mein Vater war zutiefst entmutigt. Er erinnerte sich an seine Erfahrungen an der Front während des Ersten Weltkriegs und sagte: „Damals hatten wir Carcano-Gewehre und kämpften gegen Leute mit Maschinengewehren. Und jetzt diese armen italienischen Soldaten mit Wickelgamaschen statt Stiefeln … sie tun mir so schrecklich leid!" Er und mein Onkel, beide in ihren Vierzigern, wären noch alt genug gewesen, um einberufen zu werden, aber als Juden waren sie aus der Armee ausgeschlossen worden.

Alle Zeitungen priesen Hitler als den großen Verbündeten. Für meinen Vater und meinen Onkel wurde das zu einer Obsession. Die Vorstellung, mit den Deutschen verbündet zu sein, stürzte sie in tiefste Verzweiflung: Denn langsam begriff man, was mit den Juden in Deutschland geschah.

3

DAS HAUS IN INVERIGO

Im Oktober 1942 verließen meine Familie und ich Mailand, begleitet von unserer treuen Susanna. Die ersten alliierten Bomben fielen auf die Stadt, und obwohl Großmutter Olga weinte und vor Kummer in Ohnmacht fiel, ließ sich die Abreise nicht mehr aufschieben. Mein Vater hatte kurz zuvor eine sehr bescheidene Doppelhaushälfte mit einem kleinen Garten in Inverigo in der Provinz Brianza gemietet. Das Doppelhaus hatte zwei Stockwerke mit zwei spiegelgleichen Wohnungen: in der einen wohnten wir, in der anderen die Eigentümer. Wir hatten zwei Schlafzimmer, eines für die Großeltern und Susanna (die meinem fast völlig bewegungsunfähigen Großvater in der Nacht half), das andere für mich und Papà. Als der Winter kam, wurde die Kälte unerträglich, weil es keine Heizung gab.

In Inverigo begann mein neues Leben, ein Leben in Kriegszeiten. Erst da wurde mir bewusst, mit welchen Einschränkungen wir zu kämpfen hatten, Einschränkungen, die mich eigentlich nie belastet hatten, solange ich zu Hause war – trotz der rationierten Lebensmittel und der dazugehörigen Lebensmittelkarten.

In Mailand war ich gerade in die siebte Klasse gekommen, doch da ich die Dorfschule nicht besuchen durfte, musste ich nun zu Hause lernen. Ziel war es, am Ende des Schuljahrs die Prüfungen als Privatschülerin abzulegen. Wenn ich nicht über den Büchern hockte, hörte ich bei unseren Nachbarn Radio (unser eigenes war konfisziert worden) und versuchte, so viele Informationen wie möglich über den Fortgang des Krieges zu sammeln: Mit etwas Übung verstand ich schließlich die Meldungen von Colonel Stevens auf Radio London.

Der Winter verging, der Frühling verging und im Juli 1943 war es an der Zeit, die Prüfungen abzulegen. Da das Institut der Marcelline inzwischen nach Grandola am Comer See gezogen war, brachte mein Vater mich dorthin. Ich dachte, dass es sich dabei nur um einen Besuch handeln würde, dass ich die Prüfungen machen und wieder nach Hause gehen würde, aber stattdessen fragte mein Vater die Nonnen, ob sie mich bei sich behalten könnten. Das hatte ich nicht erwartet.

„Ich will nicht hierbleiben! Auf gar keinen Fall!", protestierte ich.

Er bestand darauf: „Liliana, wenn du hierbleibst, wäre ich glücklicher ..." Da dies ein ruhiger Ort war, weit weg von den Bombardements, brachten viele Familien ihre Töchter dorthin. Unter so vielen Mädchen wäre ich bestimmt nicht aufgefallen. Schließlich gab ich nach und stimmte zu, zumindest so lange zu bleiben, wie es für die abschließende Prüfungsvorbereitung notwendig war.

Zwölf Tage wohnte ich bei den Marcelline in Grandola. Während die anderen Mädchen – wir stammten alle aus Familien, die das Schulgeld bezahlen konnten – unbeschwert waren und ihre Kleider und Schlafanzüge vorführten, war ich mit den Gedanken zu Hause, machte mir Sorgen, was alles passieren könnte, und weinte ununterbrochen.

Ich legte diese einfachen Prüfungen ab – die Nonnen versetzten alle, denn in Kriegszeiten waren die Schülerinnen nicht besonders gut vorbereitet – und konnte es kaum erwarten, wieder abzureisen. Mein Vater fürchtete schon, dass ich aus Sehnsucht nach ihm aus der Schule weglaufen würde, also holte er mich ab und brachte mich nach Inverigo zurück.

Am 25. Juli 1943[8] gaben sich viele Italiener und Italienerinnen der Illusion hin, der Albtraum wäre vorbei. Der Faschismus war am Ende, und in den berühmten ‚fünfundvierzig Tagen' nach Mussolinis Sturz hofften viele inständig auf Veränderungen.
Die Rassengesetze waren noch nicht aufgehoben, aber man glaubte, dass dies nur noch eine Frage der Zeit sei. Sogar mein Vater, normalerweise vorsichtig und voller Zweifel, gewann eine gewisse Zuversicht zurück.
„Du wirst sehen, am Ende des Sommers kehren wir nach Mailand zurück! Du gehst wieder zur Schule! Wir fahren wieder nach Hause!"
Eines Tages hatte er sogar den Mut, sich mit einem offen antisemitischen, alten Faschisten anzulegen – ich glaube, er war der Bürgermeister der Stadt. „Ist Ihnen klar, wie Sie sich verhalten haben?", fragte mein Vater. „Schämen Sie sich!"
Ich war besorgt und versuchte, ihn aufzuhalten. „Papà, sag so etwas nicht …"
„Doch, das tue ich. Er muss die Fehler einsehen, die er begangen hat!", erklärte er. In seiner Stimme hörte ich eine raue, bebende Strenge, die trotz allem nie einen bedrohlichen oder rachsüchtigen Unterton hatte.

All unsere Hoffnungen auf Erlösung machte jedoch das Debakel des Waffenstillstands vom 8. September zunichte. Die deutsche Armee besetzte Nord- und Mittelitalien, und die Faschisten übernahmen die zivile Verwaltung unter der strengen Aufsicht der Nazi-Verbündeten. Nur zwei Wochen später teilte das Reichssicherheitshauptamt ihren Kontaktpersonen in Italien mit, dass die italienischen Juden sofort in den Osten deportiert werden sollten.
Wir versanken in einen düsteren Pessimismus. Und genau dieser Pessimismus war es, der das spätere Geschehen bestimmte.
Ich erinnere mich, dass mein Vater in diesen Nächten, den letzten, die wir gemeinsam im Haus in Inverigo verbrachten, in

seiner Verzweiflung wie besessen den Kopf gegen die Wand unseres Zimmers schlug. Die Schläge waren so heftig, dass sie mich aufweckten.
„Hör auf, lass das! Bitte, Papà! Bitte, ich flehe dich an!“, rief ich und versuchte, ihn zum Aufhören zu bewegen.
„Aber was soll ich denn tun, was soll ich tun ... ich habe alles falsch gemacht ... Was soll ich tun? Was soll ich nur tun?!?“
Es war schrecklich. Ich sprang aus dem Bett, lief zu ihm und drückte ihn fest an mich. In diesen Momenten war ich für ihn nicht nur eine Tochter, sondern auch eine Mutter. Jetzt, da ich alt bin, kann ich das Gefühl, das ich damals für diesen völlig verzweifelten Mann empfand, in seiner ganzen Tiefe erfassen. Diese einzigartige Form der Liebe ist mit keiner anderen Liebe vergleichbar.
Seine Angst wuchs nach dem 30. November 1943 noch weiter an, als eine Verordnung der Italienischen Sozialrepublik, der Repubblica di Salò, die Verhaftung der Juden und die Beschlagnahmung ihres gesamten Eigentums anordnete. Mein Vater war gezwungen, die Firma zu schließen, aber er pendelte weiterhin mit der Bahn von Inverigo nach Mailand, denn in der Stadt gab es noch viele Dinge zu regeln. Und die musste er allein erledigen. Onkel Amedeo hatte nämlich in dem Moment, als er die drohende Gefahr erkannte, sich nicht mehr um die Firma und seine Eltern gekümmert. Tante Enrica hatte einen Fluchtplan ausgearbeitet: Sie würden in die Berge flüchten, in die Valsesia, und meinem Vater alle Entscheidungen überlassen.
Mein Vater war ein außergewöhnlicher Sohn mit einem starken Verantwortungsbewusstsein gegenüber seiner Familie. Er hatte den Tod seiner Frau nie überwunden und diese offene Wunde hatte seine bereits ausgeprägte Sensibilität noch verstärkt. Es brauchte nicht viel, um seine sanfte Menschlichkeit zum Vorschein zu bringen: Nachdem er einmal aus Versehen einen Vogel überfahren hatte, beschloss er, nie wieder Auto zu fahren.
Obwohl all seine Freunde ihm geraten hatten zu fliehen, solange noch Zeit war, dachte er an seinen kranken Vater, der sich nicht

mehr bewegen konnte. Was hätte sein Vater ohne ihn getan? War es ein Übermaß an Beschützerinstinkt gegenüber seiner Familie, das ihn dazu brachte zu bleiben? Oder verbarg sich hinter seiner Sanftmut eine innere Schwäche, eine Passivität, die ihn dazu trieb, mehr oder weniger bewusst in den Tod zu gehen?
Vielleicht war es eine Kombination dieser beiden gegensätzlichen Antriebskräfte; diese Mischung brachte eine Art von Resignation hervor, die jedes Mal durchschimmerte, wenn er sagte: „Wenn du nicht wärst, würde ich mich stellen."
All dieses Grauen war zu viel. Zu viel für einen Mann, der bereits durch einen frühen und unerwarteten Verlust zermürbt war, für einen Vater, der die Last seiner Sorgen mit niemandem teilen konnte.

Am 10. September, zwei Tage nach dem Waffenstillstand, war mein dreizehnter Geburtstag, und mein Vater und ich ‚feierten' ihn – ganz klein, denn wir befanden uns ja im Krieg – im Haus eines Mädchens aus Inverigo, das am selben Tag Geburtstag hatte. Es war das letzte kleine Fest in meinem Leben als Kind, das ich voller Traurigkeit erlebte. Wir blieben nur kurz und gingen direkt nach Hause.
Auf der Straße trafen wir Signor Meda, einen Rechtsanwalt, der nach dem Krieg für die Democrazia Cristiana, die christdemokratische Partei, ins Parlament einziehen sollte. Er trat zu meinem Vater und sagte: „Segre, Sie müssen fliehen. Sie müssen weggehen."
Inzwischen war die Flucht ein tägliches Gesprächsthema, und wenn mein Vater sogar auf der Straße darüber sprach, bedeutete dies, dass der Gedanke für ihn kein Tabu mehr war, auch wenn er nichts unternahm, um ihn in die Tat umzusetzen.
Am nächsten Tag kamen die Pontremoli zu Besuch. Auch sie waren nach Inverigo evakuiert worden und wohnten in einem Hotel. Giorgio Pontremoli war ein Freund meines Vaters, vielleicht sogar ein Schulkamerad. Er hatte seine beiden Kinder dabei, zwei Jungs etwa in meinem Alter, seine Frau und seine alte Mutter. Er erzählte meinem Vater von seinem Fluchtplan.

„Alberto, hier in Inverigo gibt es zwei Taxis. Ich habe eins reserviert und fahre morgen früh in die Schweiz."
Die Grenze war tatsächlich nicht weit entfernt und mit dem Auto rasch zu erreichen.
„Wir gehen alle fünf", fuhr Giorgio fort, „ich, meine Frau, die Kinder und meine Mutter. Mach es auch. Bestell das andere Taxi und bring deine Tochter, deine Eltern und Susanna damit weg."
„Auf keinen Fall!", widersprach Papà. „Ich kann meinen Vater nicht wegbringen. Er braucht seine Annehmlichkeiten ..."
„Dann kommst du mit dem Mädchen!", beharrte Giorgio und versuchte, ihn zu überzeugen.
„Ich kann meine Eltern nicht im Stich lassen. Das ist undenkbar", betonte mein Vater.
Die Pontremoli reisten am nächsten Tag ab und brachten sich in Sicherheit. Nach dem Krieg traf ich Giorgio wieder. Mit Bedauern erinnerte er sich an dieses Gespräch. Er fragte mich immer wieder: „Aber warum hat dein Vater nicht auf mich gehört?"
Vielleicht hätte es in diesem Fall des Mutes einer jungen Frau bedurft, einer Ehefrau, die den Sprung ins Ungewisse gewagt und auch die winzigste Chance genutzt hätte, ihre Lieben zu retten. Hätte meine Mutter uns nicht so früh verlassen, wäre sie vielleicht entschlossener gewesen, hätte eine Entscheidung getroffen und uns aus der lähmenden Angst reißen können. Die Pontremoli hatten übrigens nicht viel Geld, doch sie gingen das Risiko ein, ohne zu zögern.
Ein paar Tage später sagte mein Vater zu mir: „Du kannst nicht länger hier im Haus bleiben. Es ist zu gefährlich." Er hatte mir falsche Papiere besorgt und brachte mir meinen neuen Namen bei: Liliana Cherubini. Ich wollte ihn nicht lernen, dieser Identitätswechsel tat mir weh, ich weigerte mich, ihn zu akzeptieren. So angsterfüllt die Atmosphäre im Haus auch war und so sehr das Gefühl einer bevorstehenden Tragödie mich von Tag zu Tag mehr quälte, die Vorstellung, allein an einen sicheren Ort geschickt zu werden, beruhigte mich überhaupt nicht. Ich wollte nicht die Einzige sein, die gerettet wird, ich wollte meine Familie und mein

Zuhause nicht verlassen, um einer möglichen Freiheit nachzulaufen. Ich wollte bleiben, wo ich war, bei denen, die ich liebte, bei denen, die mich liebten, und dort – in diesen Mauern, zwischen diesen Menschen – die Fröhlichkeit wiederfinden, die man uns geraubt hatte.

„Signor Pozzi wird dich abholen", erklärte mir mein Vater in beruhigendem Ton. „Du wirst eine Weile bei seiner Familie bleiben."

Pozzi war ein Zulieferer der Firma. Ich hatte ihn schon ein paar Mal gesehen, und für meinen Vater war er eher ein Bekannter als ein echter Freund. Er kam mit seinem Motorrad zu uns.

„Ich bin hier, um das Mädchen abzuholen", verkündete er. Bei diesen Worten drehte ich mich weg und begann verzweifelt zu weinen. Ich wollte nicht gehen, aber die Situation war zu ernst, als dass mein Vater meinem Widerstand hätte nachgeben können. Er zwang mich auf das Motorrad und reichte mir eine kleine Tasche.

„Ich will nicht weg!", flehte ich ihn immer wieder an. „Verstehst du? Ich will nicht! Ich will nicht, ich will nicht!"

Aber mein Vater war unerbittlich.

„Ich hole dich ab, sobald es geht. Du kommst wieder nach Hause, aber jetzt musst du gehorchen."

Bevor das Motorrad losfuhr, gab mir Susanna einen Pullover: Es war die Geste einer besorgten Mutter, weil sich ihre kleine Tochter erkälten könnte.

Damals konnte ich es noch nicht wissen, aber ich sollte meine Großeltern nie wiedersehen.

Pozzi nahm mich mit nach Ballabio, einem damals sehr armen Dorf in der Provinz Lecco. Er war mit seiner Familie – seiner Frau und zwei kleinen Mädchen – dorthin evakuiert worden, und sie lebten in einem sehr einfachen Haus. Etwa drei Wochen lang teilten sie mit mir das Wenige, das sie hatten. Sie waren von einer entwaffnenden Freundlichkeit, während ich mich ihnen gegenüber sehr unhöflich benahm. Diese armen Menschen riskierten ihr Leben, denn die Nazis erschossen jeden, der Juden Zuflucht bot,

und mir fiel nichts anderes ein, als den ganzen Tag zu schmollen: Ich hatte Heimweh, langweilte mich, mir war kalt.
Von Zeit zu Zeit baten mich die Pozzi, in der Nähe Milch zu holen und ihre kleinen Töchter dabei mitzunehmen. Ich zerrte die Mädchen mit unverhohlener Ungeduld hinter mir her und merkte gar nicht, wie unhöflich, wie undankbar ich war. Mich interessierte einfach nur, wann Papà mich abholen würde. Ich wartete die ganze Zeit auf ihn. Es gab kein Telefon und die Post war völlig unzuverlässig, so dass mein Vater seine Ankunft nicht ankündigen konnte.
Er tauchte er aus heiterem Himmel auf und obwohl ich mich freute, ihn zu sehen, löcherte ich ihn mit der immergleichen Frage: „Also, wann fliehen wir? Wann fliehen wir endlich?"
Ich klang wie eine kaputte Schallplatte. Und er, der arme Kerl, wusste nicht, was er tun sollte: Er fühlte sich machtlos und konnte sich nicht entschließen. Er war abgemagert, eingefallen, vorzeitig gealtert. Sein schönes blondes Haar wurde immer grauer.
Eines Tages kam er nach Ballabio und erklärte mir, dass alles noch schwieriger geworden war. Und noch am selben Abend, während er zu Besuch war, klopfte es an der Tür der Pozzi.
Es waren die Deutschen.
Sie trieben alle Männer in der Gegend für eine Kontrolle zusammen. Wir befanden uns in einem Partisanengebiet, und diese Razzien fanden recht häufig statt. Die Nazis brachten die Verhafteten in einen nahegelegenen Berghof und überprüften dort ihre Personalien. Sie führten Signor Pozzi und meinen Vater ab, und ich war allein mit Signora Pozzi, ihrer Schwester – die ebenfalls evakuiert worden war – und den beiden Mädchen. Wir liefen zu dem Hof und warteten stundenlang draußen, zusammen mit den Ehefrauen und Müttern der anderen Verhafteten, unter den strengen Blicken der Wachposten.
Zu jener Zeit hatte mein Vater noch keine falschen Papiere. Der Soldat, der seinen Ausweis kontrollierte, wusste offensichtlich nicht, dass ‚Segre' ein jüdischer Nachname war. Andererseits bemerkte er das ‚Doktor' vor seinem Namen und fand in seiner

Brieftasche zudem den Ausweis eines Tierschutzvereins, in dem er seit Urzeiten Mitglied war.
„Sind Sie Arzt?", fragte der Deutsche.
„Ja", improvisierte mein Vater, „ich bin Tierarzt."
Sie ließen ihn gehen. Es war eine Art Wunder, das ich mir bis heute nicht erklären kann.

Ein paar Tage nach diesem schlimmen Erlebnis schickte mein Vater einen ehemaligen Lagerarbeiter der Firma nach Ballabio, um mich fortzubringen. Unter Einsatz seines Lebens begleitete mich der treue Luigi Strada bis nach Castellanza in der Nähe von Legnano, zum Haus der Familie Civelli, weitere gute Freunde.
Bei den Pozzi hatte ich mich wie ein verwöhntes Mädchen aufgeführt, doch bei den Civelli riss ich mich zusammen. Ich hatte endlich verstanden, welchen Risiken sich unsere Bekannten aussetzten, nur um uns zu schützen, und ich hatte gelernt, mich dankbar zu zeigen. Andererseits war das Leben bei den Civelli viel angenehmer als bei der Familie Pozzi: Sie waren alte Freunde, wohnten in einer schönen Villa und hatten reichlich zu essen.
Ich blieb anderthalb Monate bei ihnen und jedes Mal, wenn mein Vater mich besuchen kam, drängte ich ihn mit der üblichen Bitte: „Papà, lass uns in die Schweiz fahren!"
Und eines Tages entschloss sich mein Vater. Castellanza lag in der Nähe der Schweizer Grenze, und dort würden wir auf Schmuggler treffen – die Civelli hatten sie bereits informiert. Sie würden uns bei der Flucht aus dem Land helfen und uns auf einer Route über die Berge hinter Viggiù und Saltrio in die Schweiz bringen.
Ich hatte keine Ahnung, wie kompliziert es war, eine Flucht wie die unsere zu organisieren: eine jüdische Familie mit falschen Papieren, die heimlich das Land verließ ... Ich wusste nur, dass es hinter den nahen Bergen ein Land gab, in dem wir uns verstecken und in Ruhe das Ende des Krieges abwarten konnten, um später in unser Zuhause in Mailand zurückzukehren.
Als endlich alles geregelt war, holte mein Vater mich ab und sagte: „Ich habe einem Beamten im Polizeipräsidium von Como sehr

viel Geld bezahlt. Er hat eine Erklärung unterschrieben, die den Großeltern Sicherheit gibt." Ich habe dieses Dokument erst nach dem Krieg gelesen:

> Olga und Giuseppe Segre sind in Anbetracht ihres Alters und ihres psychophysischen Zustands nicht in der Lage, dem großen Deutschen Reich zu schaden und können in Inverigo, unter der Führung ihrer Gastgeber, verbleiben.

Worte, die nichts nützen sollten. Diese Erklärung sollte sich als Makulatur erweisen, doch damals war dieses Stück Papier für meinen Vater eine Garantie, eine Sicherheit, an die er sich klammerte. Papà brauchte Gewissheiten und Fixpunkte, nur so konnte er einen klaren Verstand bewahren. Er war zunehmend erschöpft, so erschöpft, dass er extreme und sinnlose Dinge tat, die ihm hätten schaden können.

Als ich in Castellanza untergetaucht war, unternahm Signora Civelli von Zeit zu Zeit mit mir einen kleinen Ausflug. Wir nutzten die Charrette eines Bekannten, eine elegante Pferdekutsche aus dem frühen 20. Jahrhundert, denn in Kriegszeiten gab es kein Benzin und keine privaten Autos. Auch mein Vater war an einem Tag mit dabei. Er hatte sich vor kurzem falsche Papiere besorgt und begleitete uns.

Während unseres Ausflugs kamen wir an einem imposanten Herrenhaus vorbei, in dem sich das deutsche Hauptquartier befand, und da sagte mein Vater: „Wartet mal kurz."

„Warum?", fragte Signora Civelli. „Ausgerechnet hier?"

Er stieg von der Kutsche, nickte dem diensthabenden Wachposten zu und fragte ihn auf Deutsch nach der Uhrzeit, als ob nichts wäre.

Ich blieb hinter ihm und war verblüfft. Was macht er da?, dachte ich. Was tut er?

„*Wie viel Uhr ist es?*", fragte mein Vater höflich auf Deutsch.

Der Wachposten durfte nicht reden, also rief er seinen Vorgesetzten.

Kaum dass dieser da war, wiederholte mein Vater die Frage: „*Wie viel Uhr ist es?*“

Es war eine paradoxe Szene.

Als ich ihn später fragte, warum er das getan hatte, antwortete er: „Ist es nicht komisch, dass ein Jude Gefahr läuft, getötet zu werden, nur weil er einen Deutschen nach der Uhrzeit fragt?“

Ich fand das überhaupt nicht komisch.

Eine weitere Episode, die mir Rätsel aufgab, ereignete sich einige Zeit später, kurz vor unserer Flucht in die Schweiz, als wir einen Feldweg entlanggingen. Papà bemerkte einen Fuhrmann – einen großen Mann –, der mit einer Kette heftig auf einen alten Gaul eindrosch. Das arme Pferd war an einen überladenen Karren gebunden und schaffte es wegen der schweren Ladung nicht weiter den Berg hoch.

Der Anblick von armen Tieren, die von Menschen grundlos misshandelt wurden, war für meinen Vater unerträglich.

Er rannte zu dem Fuhrmann und beschimpfte ihn.

„Ich zeige Sie an!“, rief er. „Sie tun dem Pferd weh! Wenn das Tier nicht vorankommt, ist das allein Ihre Schuld und Ihre Blödheit, weil Sie den Wagen überladen haben!“

Der große Mann war ziemlich genervt und ließ sich nicht einschüchtern: „Was wollen Sie denn? Wer sind Sie überhaupt? Sagen Sie mir Ihren Namen!“

Es waren die letzten Tage des Wartens vor der Flucht in die Schweiz, und anstatt alles zu tun, um nicht aufzufallen, mischte mein Vater sich ein.

Ich zerrte an ihm und flehte ihn an, damit aufzuhören.

Er war nicht mehr er selbst. Es war die Verzweiflung, die aus ihm sprach.

4
FLUCHT UND VERHAFTUNG

Die Civelli luden unser Gepäck ein. Wir waren bereit zur Abreise.

Mein Vater war pessimistisch und ängstlich.

„Das geht bestimmt schief, sie werden uns zurückschicken ... wir werden verhaftet."

Ich tat alles, um ihn zu beruhigen. Wir waren sicher nicht die ersten Juden, die versuchten, in die Schweiz zu fliehen. Viele hatten es schon geschafft. „Die Schweiz ist das Land der Freiheit", wiederholte ich mechanisch, wie eine Beschwörungsformel.

Giulio und Rino Ravenna, zwei Cousins meiner Großmutter Bianca, schlossen sich uns an. Das jedoch war keine gute Idee – denn je kleiner eine Gruppe ist, umso leichter bleibt sie unbemerkt, und die alten Männer waren mit ihren langsamen Schritten kaum zu einer raschen Flucht fähig – aber mein Vater hatte nicht den Mut, sie zurückzulassen.

Als wir so weit waren, vertrauten wir uns skrupellosen Leuten an, die sich nicht allzu sehr von heutigen Schleusern unterschieden, schäbige Typen, die Menschen, die zur Flucht gezwungen waren, wie Charon übersetzten und aus der Verzweiflung Profit schlugen. Sie taten es nur wegen des Geldes. Wir zahlten damals 45.000 Lire, um die Grenze zu überqueren, plus weitere 1.000 für eine Nacht in einem Schuppen als „Gäste" einer Hexe, die so kalt wie die Bergluft und so gierig war, dass sie uns nicht einmal

ein Stück Brot, einen Löffel heiße Brühe oder etwas Ersatzkaffee anbot. Nichts.
Papà war so verstört von der Vorstellung, die Grenze mit Hilfe von Schmugglern illegal zu überqueren, dass ein gewisser Signor Corradini – ein stiller Junggeselle, der nichts zu verlieren hatte und als Evakuierter ebenfalls Gast der Familie Civelli war – sich anbot, uns zu begleiten. Er wollte meinem Vater Mut machen und sicherstellen, dass wir die Grenze auch wirklich überquerten. Er traf uns in Saltrio, nahe der Staatsgrenze, und blieb an unserer Seite, bis die Schmuggler uns am Rande eines Steinbruchs zurückließen.
Ich vermute, es war im Morgengrauen des 8. Dezember 1943. Nachdem wir uns durch ein Loch im italienischen Zaun, der das Niemandsland zwischen den beiden Staaten markierte, gezwängt hatten, befanden wir uns nahe der Schweizer Grenze. Wir waren glücklich und aufgeregt, und als erstes zerrissen wir unsere gefälschten Papiere, die nun nutzlos waren, da wir unsere echten Ausweise vorlegen mussten, um bei den Schweizer Behörden um Asyl zu bitten.
„Wir bleiben hier", verkündeten die Schmuggler. „Ihr geht alleine weiter."
Sie ließen unsere Koffer fallen, so dass sie in den Steinbruch rutschten. Es war nicht leicht gewesen, diese Koffer zu packen: Sie enthielten die wenigen Dinge, die wir nicht zurücklassen wollten, unsere Erinnerungen. Als wir sie wieder einsammelten, stellten wir fest, dass die Koffer, die den Abhang hinuntergerollt waren, aufgesprungen waren. „Was sollen wir jetzt tun?", beschwerte ich mich. „Sie gehen nicht mehr zu ..." Wir versuchten, unsere wenigen Habseligkeiten irgendwie zu retten.
Unsere Flucht hätte nicht schlechter beginnen können.

Dann waren wir allein. Die gleichgültigen Schmuggler waren verschwunden, aber Papà machte, trotz seiner unendlichen Müdigkeit, weiter. Obwohl er völlig erschöpft war, trug er mich während des Abstiegs auf seinen Schultern.

„Es ist zu gefährlich“, sagte er mir. „Du könntest dir ein Bein brechen.“
Unten angekommen, stieg er noch zweimal den Hang hinauf, um die Ravenna-Brüder, die zu alt für einen solch gewagten Abstieg waren, auf seinem Rücken herunterzutragen.
So erschöpft mein Vater von dieser gewaltigen Anstrengung auch war, schien er doch endlich sein Selbstvertrauen wiedergefunden zu haben. Er war erstaunt, dass wir es so weit geschafft hatten und in Sicherheit waren.
Wir durchquerten den Steinbruch und erreichten ein Wäldchen, wo wir wenig später auf zwei Schweizer Grenzsoldaten trafen.
Wenn ich an die hilfsbereiten und freundlichen Blicke der vielen Leute denke, die heute die Flüchtlinge, die unter Lebensgefahr das Mittelmeer überqueren, an unseren Küsten willkommen heißen, fällt es mir noch schwerer, die brutale Kälte zu akzeptieren, mit der diese beiden Grenzer uns empfingen.
Mitleidlos zwangen sie uns, ihnen zu folgen. Wir erreichten das Polizeiamt in Arzo, dem ersten Dorf im Kanton Tessin.
Wir waren so froh, in der Schweiz zu sein, dass wir gar nicht auf ihren distanzierten Ton und ihre unpersönliche Haltung achteten. „Wir haben es geschafft! Wir sind in der Schweiz!“, war unser einziger Gedanke.
Ich erinnere mich, wie mein Vater sich den Bergen zuwandte und sagte: „Es tut so weh, Italien zu verlassen, aber welch ein Glück, dass wir es bis hierher geschafft haben.“
Auf dem Polizeiamt nahmen wir im Korridor Platz und warteten. Man bot uns nicht einmal ein Glas Wasser an, und ich starrte die ganze Zeit nur auf die Bilder an den Wänden. Ich erinnere mich noch an einen Schaukasten mit Schmetterlingen, die mit Stecknadeln aufgespießt waren. In dem Schicksal dieser armen Insekten fand ich mich selbst wieder: durchbohrt und gefangen, unfähig, die eigene Schönheit zu genießen.
Nach etwa vier Stunden des Wartens rief ein deutschschweizerischer Offizier uns herein. Er brüllte uns in einem verächtlichen Ton an, dass wir Hochstapler seien, dass es nicht

stimme, dass die Juden in Italien verfolgt würden und dass mein Vater sich diese ganze Geschichte ausgedacht habe, um sich seiner Wehrpflicht zu entziehen.

„Was reden Sie da?", antwortete mein Vater wütend. „Glauben Sie etwa, ich wäre mit meiner Tochter im Winter in die Berge gefahren, um der Einberufung zu entgehen? Und diese beiden alten Männer?", setzte er hinzu und deutete auf die Ravenna-Brüder. „Glauben Sie etwa, sie sind zum Spaß in die Berge gekommen, obwohl es für sie so anstrengend ist?"

Doch der Offizier blieb unerbittlich.

„Sie sind ein Wehrdienstverweigerer und die Schweiz kann Sie und Ihre Reisegefährten nicht aufnehmen."

Mein Vater erkannte, dass er nur noch eine Chance hatte: Er musste dem Beamten versichern, dass wir nicht gekommen waren, um illegal im Land zu arbeiten.

„Verzeihen Sie", fuhr er fort und bemühte sich, seine Fassung wiederzuerlangen und dem bornierten Grenzer gegenüber höflich zu bleiben. „Hören Sie, wir brauchen kein Geld … Ich habe Kreditbriefe, ich habe Bekannte …"

„Es ist egal, ob Sie hierhergekommen sind, um zu arbeiten oder um nichts zu tun", unterbrach ihn der Schweizer. „Sie können nicht bleiben."

In diesem Moment erkannte mein Vater, dass es keinen Sinn hatte zu argumentieren, und explodierte vor Verzweiflung.

„Ich akzeptiere Ihre Entscheidung nicht!", schrie er wütend. „Ich will Ihren Vorgesetzten sprechen."

Der Offizier schickte uns in den Korridor hinaus. Als er wenig später zurückkam, wiederholte er sein Urteil: „Sie können nicht einreisen … das Boot ist voll." In der Schweiz gab es keinen Platz für uns, wir waren Betrüger und mussten gehen. Mein Vater erlitt einen Nervenzusammenbruch und beschimpfte ihn mit hitzigen Worten.

„Verbrecher! Mörder! Wissen Sie eigentlich, was Sie da tun?!?"

Es war beängstigend.

Ich warf mich dem Beamten zu Füßen, umklammerte seine Beine und flehte ihn unter Schluchzern an, uns nicht nach Italien zurückzuschicken. Ich habe nie viel geweint, nicht einmal als kleines Kind, aber in diesem Moment brach die Welt für mich zusammen. Ich verstand zwar kein Deutsch, aber es war klar, dass sie uns zurückschicken würden.

„Bitte, ich flehe Sie an!“, rief ich und weinte wie verrückt.

Er stieß mich genervt weg. Im Grunde war er es, der drei von uns zum Tode verurteilte, ein Urteil, das die Nazis später vollstreckten.

Zwei Schweizer Soldaten eskortierten uns zur Grenze. Sie lachten und kicherten, während sie ihre Gewehre mit den aufgepflanzten Bajonetten umklammerten. Sie ließen uns im Niemandsland zurück, und von dort gingen wir allein weiter. Es regnete, es war etwa vier Uhr nachmittags und es wurde bereits dunkel.

„Warum versuchen wir nicht, irgendwo anders in die Schweiz zu gehen?“, fragte ich meinem Vater. „Versuchen wir es in einem anderen Dorf…“

Er und die Ravenna-Brüder begannen leise zu reden. Tatsächlich lagen die Dörfer in der Gegend alle nahe beieinander, aber es war Winter, es war kalt. „Das schaffen wir nicht“, sagten sie schließlich. „Wir würden erfrieren…“

Es blieb uns nichts anderes übrig, als umzukehren, in der Hoffnung, nach Hause zurückzukehren, ohne an der Grenze von faschistischen Soldaten aufgegriffen zu werden.

Nachdem wir denselben Weg zurückgegangen waren, standen wir wieder vor dem Grenzzaun. Ein Stück weiter oben entdeckten wir ein einfaches Holztor, das nur angelehnt zu sein schien. Da ich am wenigsten erschöpft war, nahm ich allen Mut zusammen und lief voraus. Ich wollte das Tor öffnen, doch kaum dass ich es aufdrückte, zerriss ein ohrenbetäubender Alarm die winterliche Gebirgsstille. Zwei italienische Zollbeamte in schwarzen Hemden vom Grenzkommando tauchten sofort auf und erklärten uns, als sie unsere Lage erkannten, ganz offen: „Entweder ihr bleibt hier oder ihr kommt rein. Hier oben gibt es eine kleine Kaserne der

Deutschen. Wir sind Familienväter, und wenn ihr nach Italien zurückkehrt, müssen wir euch an sie ausliefern."
Sie waren sehr freundlich, man merkte, dass es ihnen leidtat. Sie öffneten das Tor weit und ließen uns durch. Es hatte den ganzen Tag geregnet, und der Bergpfad bestand nur noch aus Schlamm. Meinem Vater gelang es, unbemerkt einen Satz sehr seltener Briefmarken und drei lupenreine Diamanten loszuwerden, die Großmutter Olga in seinen Gürtel eingenäht hatte. Er hatte viele Abende damit verbracht, diese Briefmarken zu katalogisieren. Neben den Pferden waren sie seine einzige Leidenschaft.
„Wir sind verhaftet", flüsterte er mir zu. „Ich will nicht, dass alles an sie geht."
Ihm blieben noch etwa 7.000 Lire.

Wir verbrachten die Nacht in einem Sicherheitsraum der Kaserne von Saltrio. Wir mussten auf zwei Pritschen schlafen: eine für mich und meinen Vater und eine für die Ravenna-Brüder. Ich konnte die Tragik unserer Lage überhaupt nicht begreifen. Alles kam mir so surreal vor. War das das Ende unserer Flucht?
Ich hatte nicht den Mut, meinem Vater in die Augen zu sehen: Er war niedergeschlagen, verzweifelt. Er sah grau im Gesicht aus, wie jemand, der tagelang nicht geschlafen hatte. Das Gefühl der Niederlage peinigte ihn. Er spürte, dass dieser Rückschlag unser Leben für immer prägen würde. Es war die Stunde, in der alle Hoffnung schwand. Ich hatte das Glück, es als Tochter zu erleben, aber wie konnte er als Elternteil so etwas ertragen? Wie konnte er es ertragen, dass sein Kind, dem er Vater und Mutter war, dem er alles gegeben hatte und dem er nur das Beste wünschte, so viel Schmerz erleiden musste?
Bis kurz zuvor hatte ich mich noch der Illusion hingegeben, die Protagonistin eines Abenteuers zu sein: Auf den Bergpfaden hatte ich mich wie die bewunderten Kino-Heldinnen gefühlt, die trotz aller Widrigkeiten immer durchhalten. Nach unserer Verhaftung wurde mir jedoch klar, dass es im echten Leben anders lief.

Viele Jahre später las ich zum ersten Mal den Bericht über unsere Verhaftung. Ein Historiker aus Varese zeigte ihn mir. Er hatte viel darüber geforscht, was damals in der Gegend von Varese geschehen war, und war auf dieses Dokument gestoßen. Es heute, so viele Jahre später, wieder zu lesen, ist immer noch schmerzhaft.

III. LANDESKOMMANDANTUR
DER FINANZWACHE VON MAILAND
KOMMANDANTUR VON VIGGIÙ

Nr. 5515 des Prot. Viggiù, ebendort 9/12/1943. XXII.
BETREFF: Verhaftungen von Juden an der Grenze.

AN DAS GROSSDEUTSCHE GRENZKOMMANDO UND DIE ZOLLBEHÖRDE
Via Solferino 6 - VARESE
AN DAS BEZIRKSGERICHT VON VARESE
AN DIE DEUTSCHE KOMMANDANTUR VON SALTRIO
AN DIE KOMMANDANTUR DER FINANZWACHE VON MAILAND
AN DAS KOMMISSARIAT DES GRENZDIENSTES III. ZONE VON COMO
AN DIE KOMMANDANTUR DER FINANZWACHE VON VARESE

Am 8. Dezember w. o., um 16.15 bemerkten OL Salvatore Rizzello und der Zollbeamte Nicola Bianchi Caldara von der Brigade von Saltrio während einer Patrouille entlang der italienisch-schweizerischen Grenzlinie an der Örtlichkeit namens „Selvetta" drei Individuen und ein Mädchen beim Versuch, ein Gittertor zu öffnen, um in die Schweiz zu gelangen. Auf die förmliche Aufforderung stehenzubleiben, hielten die vier Personen sofort an und wurden aufgefordert, den Beamten der Finanzpolizei bis zur nächsten Kaserne in Saltrio zu folgen, was sie auch ohne Weiteres taten.

Dort befand sich der Verfasser auf einer Inspektionsreise und veranlasste, dass die vier festgesetzten Personen zum Oberleutnantskommando von Viggiù gebracht wurden.
Aus den Unterlagen ging hervor, dass es sich um folgende Personen handelte, die versuchten auszureisen, um sich der Verhaftung zu entziehen, da sie allesamt Juden waren:

1. Ravenna, Rino Lazzaro, Sohn des verstorbenen Isacco und der verstorbenen Emma Levi, geboren am 8/12/1874 in Ferrara und wohnhaft in Mailand in der Via S.Paolo Nr.18, Beruf: Buchhalter;
2. Ravenna, Giulio, Sohn des verstorbenen Isacco und der verstorbenen Emma Levi, geboren am 18/1/1873 in Ferrara, wohnhaft in Mailand, Via Rovani 7, Beruf: Buchhalter;
3. Segre, Alberto, Sohn von Giuseppe und Olga Levi, geboren am 12/12/1899 in Mailand und wohnhaft Corso Magenta Nr.55, Mailand, Beruf: Doktor der Wirtschaftswissenschaften;
4. Segre, Liliana, Tochter von Alberto und der verstorbenen Lucia Foligno, geboren am 10/9/1930 in Mailand, Italien, wohnhaft Corso Magenta 55, Beruf: Schülerin.

Sie trugen einige Koffer mit Kleidung, etwas Proviant und einigen Medikamenten bei sich und wurden bei einer Durchsuchung im Besitz folgender Beträge und Wertgegenstände angetroffen:
Bei dem benannten Ravenna, Rino Lazzaro 56.000,00 Lire in bar.
Bei dem benannten Ravenna, Giulio 5.000,00 Lire, davon 4.000,00 Lire in bar und 1.000,00 Lire in Schecks, sowie zwei goldene Uhren, eine der Marke Omega und eine der Marke Les alev, sowie ein Goldkettchen.

Bei dem benannten Segre, Alberto 7.800,00 Lire in bar, 4 Schweizer Franken und zwei Diamantringe von unbestimmtem Wert (der Betroffene gibt an, dass sie beide 400.000,00 Lire wert sind) sowie einen Satz Briefmarken der Republik San Marino.
Die genannten Personen gaben an, am Abend des 7. des laufenden Monats mit dem letzten Zug in Viggiù angekommen zu sein, die ganze Nacht zwischen dem Monte Orsa und dem Monte Pravello umhergeirrt zu sein und um 16.15 Uhr in der Örtlichkeit Selvetta angekommen zu sein zu dem Zweck, sich der Verhaftung und Internierung zu entziehen.
Gemäß den geltenden Bestimmungen wurden die vier Verhafteten zusammen mit den oben aufgeführten Beträgen und Werten dem deutschen Grenzschutzkommando in Saltrio zur weiteren gesetzmäßigen Behandlung übergeben.
In Anlage ist der Bericht über die Beschlagnahme der Beträge und Wertgegenstände beigefügt, der in Anwesenheit der betroffenen Personen erstellt wurde, die ihn ohne Einwände unterzeichnet haben. Ebenfalls beigefügt ist die Durchschrift laut Arbeitsformular Nr. 10 vom Mai 1930 des Generalkommandos der Finanzpolizei.

Der Oberleutnant
Unterschrift unleserlich

P.........C......O.
Der Brigadier
Brigadekommandeur
Unterschrift unleserlich

5
DAS GEFÄNGNIS

Am 8. oder 9. Dezember übergaben die Zollbeamten uns den Nazis, die uns wenig später auf zwei Automobile verluden und ins Gefängnis von Varese brachten. Während der Fahrt legten die Deutschen meinem Vater Handschellen an. Signor Corradini, ein außergewöhnlicher Mensch, dem ich immer noch zutiefst dankbar bin, sah uns in diesem Wagen und lief zu den Civelli, um ihnen die Nachricht von unserer Verhaftung zu überbringen.

Im Gefängnis von Varese trennte man mich von meinem Vater, der in die Männerabteilung gebracht wurde. Ich war allein. Man fotografierte mich und nahm meine Fingerabdrücke wie bei einer Kriminellen. War ich das?

Eine kleine, stämmige Italienerin mit einem Schlüsselbund an der Taille zog mich gewaltsam einen Korridor entlang. Sie wusste, dass ich weder eine Diebin noch eine Mörderin war, sondern nur ein junges Mädchen mit einer Schleife im Haar, aber sie hatte kein Mitleid mit meinen Tränen und ignorierte meine Verzweiflung. Bis heute kann ich mir nicht erklären, wie eine Frau – wahrscheinlich eine Mutter – mich so behandeln konnte. War sie vielleicht Antisemitin? Oder war sie einfach ein grausamer Mensch? Ich kann das nicht begreifen. Wie konnte jemand so rücksichtslos gegenüber einem Mädchen sein, das verstört ist, weil man es vom Vater getrennt hatte? Sie warf mich ohne ein Wort in die Zelle.

Die Tür knallte hinter mir zu und ich lehnte mich dagegen. Ich weinte mit geschlossenen Augen, weil ich vor lauter Angst nicht hinsehen wollte. Die Vorstellung, im Gefängnis zu sein, in einer Zelle, war zu viel für mich. Erst, als ich spürte, dass mich jemand umarmte, öffnete ich die Augen. Es war ein wunderschönes Mädchen. Ihr Name war Violetta Silvera, sie war neunzehn Jahre alt und war zwei Tage zuvor zusammen mit ihren Eltern verhaftet worden, nachdem sie ebenfalls von der Schweiz abgewiesen worden waren. Sie war die schöne biblische Jüdin: Sie hatte violette Augen, daher ihr Name, und ein prächtiger Kranz aus schwarzen Zöpfen umrahmte ihr Gesicht. Ihre Mutter hingegen trug einen grauen Zopf, der ihr den Rücken hinabfiel. Auch sie war wunderschön. Die Familie Silvera lebte in Mailand, hatte aber ägyptische Wurzeln. Sie waren Verwandte von Miro Silvera – dem Autor des Romans *Il prigioniero di Aleppo* (Der Gefangene von Aleppo) – und nach dem Ersten Weltkrieg nach Italien gekommen, manche aus Syrien und manche aus Ägypten, wo sie mit Baumwolle gehandelt hatten.

„Weine nicht, komm und bleib immer in der Nähe von meiner Mutter und mir", flüsterte Violetta. Ich klammerte mich die ganze Zeit, die ich im Gefängnis in Varese war, an die beiden wie eine Schiffbrüchige an ihr Floß.

In der Zelle waren wir etwa zwanzig Gefangene, von denen ich die Jüngste war. Der Raum war eng und es gab nur Strohsäcke auf dem Boden, mehr nicht. Zweimal am Tag ging ein kleiner Mann an den Gitterstäben vorbei und schlug mit einem Eisen darauf. Wir verstanden nicht, warum er das tat, bis uns eine Gefangene erklärte: „Er macht das, weil wir ja die Stäbe hätten ansägen können." Aber wer von uns wäre schon in der Lage gewesen, eine Flucht zu planen?

Nichts von Papà zu hören, beunruhigte mich. Ich überlegte mir stundenlang, wie ich mit ihm kommunizieren könnte, um ihn wissen zu lassen, dass es mir nicht schlecht ging. Papà, der noch etwas Geld besaß, ließ mir jeden Tag Essen schicken. In der Nähe des Gefängnisses gab es eine Trattoria, die Mahlzeiten an jene

lieferte, die bezahlen konnten. Zu einer bestimmten Zeit bekam ich einen kleinen Teller geliefert. Nur sehr wenige von uns hatten so ein Glück.
Wir blieben fünf oder sechs Tage in Varese, dann verlegte man uns in das Gefängnis San Donnino in Como. Auf dem Lastwagen, auf den wir verladen wurden, traf ich endlich meinen Vater wieder. Wir blieben die ganze Fahrt über Seite an Seite, doch als wir am Ziel ankamen, wurden Männer und Frauen erneut getrennt.
Die Zelle, in die sie mich mit fünf oder sechs anderen Gefangenen sperrten, war so feucht, dass die Wände mit Moos bedeckt waren. Meine Gefährtinnen waren allesamt Unbekannte. Ich erinnere mich an ein Mädchen namens Susanna Hauser, die nur etwas älter war als ich. Nach dem Krieg sollte sie mit einem der ersten Schiffe, die von La Spezia ablegten, nach Israel auswandern. Und ich erinnere mich an eine Frau mit einer behinderten Tochter, die eher abwesend zu sein schien und gelegentlich unsinnige Dinge sagte. Ihre Mutter war sehr besorgt um sie, und das zu Recht.
Auch in Como gelang es meinem Vater, der in der Männerabteilung untergebracht war, mir etwas Essbares schicken zu lassen. Eines Tages bekam ich ein Köfferchen voller zerbröselter Kekse in die Hand gedrückt. Ich vermute, er hatte sie mit Hilfe einer Wache besorgt. Es war eine seiner Liebesbotschaften, die mich immer sehr berührten. Ich aß die Kekse und weinte.

Ich blieb acht Tage in San Donnino, dann organisierten die Deutschen den üblichen Lastwagen und brachten uns nach Mailand in das Gefängnis San Vittore, in dem alle landeten, die in Norditalien verhaftet wurden.
Die Juden waren in den Flügeln IV und V untergebracht, wo Männer und Frauen zusammenbleiben konnten. Endlich war ich bei Papà.
Als wir das Gefängnis betraten, wurden wir registriert und zu unserer Überraschung trafen wir dort Rechtsanwalt Meda, der als Antifaschist verhaftet worden war und nun als Schreiber arbeitete.

Mit einer Geste gab er meinem Vater zu verstehen, dass er so tun solle, als ob er ihn nicht kenne: Die Deutschen vertrauten ihm nicht mehr. Meda trug eine gestreifte Gefängnisuniform, während wir das am Leib hatten, was von unserer Zivilkleidung übriggeblieben war. Unseren Schmuck, unser Geld und alle übrigen Wertsachen hatten sie uns bereits abgenommen. Manche Eltern hatten in der Hoffnung, dass die Kinder nicht durchsucht werden, Wertgegenstände in ihre Taschen gesteckt, aber Papà hat nie zu solchen Mitteln gegriffen, weil er vermeiden wollte, dass ich durchsucht würde. Er hatte immer alles bei sich gehabt. Alles, was mir blieb, war ein dünnes Halskettchen aus Platin mit einem kleinen Medaillon mit einem Foto meiner Mutter.

Wir blieben vierzig Tage in San Vittore, in einer unbegreiflichen Lage voller Ungewissheit.

Kurz vor unserer Ankunft hatte der neue SS-Kommandant des Gefängnisses seinen Posten angetreten. Sein Vorgänger – so erzählte es uns Ermanno Fontanella, der später in Auschwitz starb – war ein grausamer Mann gewesen, der die Juden manchmal gezwungen hatte, die Latrinen mit der Zunge zu reinigen. Der neue Kommandant, so unmenschlich er auch war, erreichte ein solches Maß an Grausamkeit allerdings nicht.

Der Tagesablauf war strikt durchgetaktet. Die Zellen blieben offen, da alle Schlösser entfernt und nach Deutschland geschickt worden waren, weil das Reich Eisen benötigte. Einmal pro Tag gab es eine Essensration. Abends wurde das Licht ausgeschaltet.

Es war Dezember, es war kalt und wir wuschen uns so gut es ging an einem Rinnsal eisigen Wassers, das aus einer Art Latrine floss. Wir lebten unter schrecklichen Bedingungen und sammelten das wenige Wasser, das wir zum Waschen des Gesichts brauchten, in dem selbem Topf, aus dem wir aßen. Diese Latrinen waren fürchterlich.

Die Gefängniswärter waren Italiener. Mittags brachten sie uns Suppe unter den wachsamen Augen der Deutschen, vor denen sie ganz offensichtlich große Angst hatten. Ich hatte nie Kontakt mit den Wärtern: Sie stellten die Behälter mit den Rationen in

die Zellen und gingen wieder; jemand anderes teilte die Suppe aus. Auch wenn mein Vater mittlerweile keine Wertgegenstände mehr hatte, brachte er mir ab und zu, in den undenkbarsten Momenten, etwas Suppenfleisch. Ich habe keine Ahnung, wie er das organisierte.
Wie die anderen jüdischen Gefangenen wurde auch er zu den schrecklichen Verhören der Gestapo geholt. Obwohl sie Verzeichnisse besaßen und über detaillierte Informationen über unser Leben verfügten – dieselben Informationen, die ihnen die faschistischen Polizeipräsidenten und Präfekten für die Razzien zur Verfügung gestellt hatten –, versuchten die Deutschen, mit Gewalt und Folter zusätzliche Informationen über andere versteckte Freunde oder Verwandte zu bekommen, die den Verhaftungen entgangen waren, oder auch über Wertgegenstände, die noch nicht beschlagnahmt waren.
Lange Stunden wartete ich auf die Rückkehr meines Vaters und starrte währenddessen wie besessen auf die Botschaften an den Wänden, welche die vor uns hier eingesperrten Gefangenen dort hineingeritzt hatten: Es waren herzzerreißende Worte, die von Wut, Hoffnung und Verzweiflung erzählten. Es waren Verwünschungen, Abschiedsworte, Unterschriften. Wenn Papà in die Zelle zurückkehrte, umarmten wir uns lange, schweigend. Ich hatte das Gefühl, dass jedes Wort nutzlos war. In dieser unglücklichen Atmosphäre wurde die Beziehung zwischen uns noch intensiver. Wir lebten in einer Art Osmose aus Blicken, Umarmungen und Tränen. Wir sprachen sehr wenig miteinander. Während mein Ehemann und ich – selbst im hohen Alter – immer das Bedürfnis hatten, uns gegenseitig etwas Nettes zu sagen, war das bei meinem Vater anders. Worte waren Steine, sie machten Angst.
Wenn ich nachts die Augen aufschlug, kniete er neben mir, weinte und entschuldigte sich dafür, dass er mich in die Welt gesetzt hatte … Was soll man einem Vater antworten, der so etwas zu einem sagt? Ich habe versucht, ihn zu beruhigen. „Mach dir keine Sorgen, Papà“, sagte ich. „Ich bin froh, hier bei dir zu

sein." Und das stimmte: Ich hätte nirgendwo anders sein wollen. Wenn sie mir gesagt hätten: „Geh, du bist frei", wäre ich geblieben, um bei ihm zu sein. Mein Wunsch, in seiner Nähe zu sein, hatte nichts Heldenhaftes an sich. Es war einfach nur Liebe.

Jeden Tag von sechs bis sieben Uhr durften sich die Insassen aus den Flügeln IV und V treffen und miteinander reden. In diesen Minuten malten wir uns gemeinsam aus, wie es mit uns weitergehen würde. Niemand hatte auch nur die geringste Ahnung, was uns erwartete. Wir wussten nur, dass wir nach Deutschland gebracht werden würden. Wir hatten herausgefunden, dass bereits ein Zug abgefahren war, aber wir wussten nicht, wann wir an der Reihe sein würden. „Na ja, wir werden dort arbeiten", ermutigten wir uns gegenseitig. „Es heißt, dass in Deutschland alle im Krieg kämpfen, also brauchen sie Arbeitskräfte ... Wir werden arbeiten." Wann immer jemand versuchte, ein wenig realistischer zu sein, oder Zweifel anmeldete, dass die Dinge nicht so einfach sein würden, schimpften die anderen: „Sei nicht so pessimistisch!"
Den Satz „Wir werden sterben" hörte man nur selten.

So sehr die Resignation auch vorherrschte, es gab immer wieder Menschen, die eine Flucht planten. Eines Tages kam ein Freund meines Vaters, Peppino Levi, in das Gefängnis. Er war ein gutaussehender, braungebrannter junger Mann, der die Berge sehr liebte. Sobald er meinen Vater erkannte, ging er auf ihn zu und sagte ohne Begrüßung: „Alberto, es ist Wahnsinn, hier zu bleiben. Wir müssen fliehen, bevor sie uns deportieren!"
Mein Vater hatte eine Flucht niemals in Betracht gezogen, aber Peppino begann, die Schichten der Wachen zu beobachten und entwickelte einen Plan. Damals war die Mauer um San Vittore mindestens anderthalb Meter niedriger als heute, man hätte sie durchaus überwinden können, und er war fest entschlossen. „Wir bestechen jetzt die Wache, ich verkleide mich ..." Peppino war eine Art d'Artagnan und nicht bereit, sich passiv in sein Schicksal zu

fügen. Er war vier oder fünf Jahre jünger als mein Vater, sie kannten sich seit ihrer Kindheit, und er akzeptierte die ständigen Ablehnungen seines Freundes nicht.

„Alberto! Ich, du und das Mädchen hauen ab!", forderte er immer wieder. „Ich habe sogar schon ein Seil!"

„Aber Peppino", sagte mein Vater immer wieder, „was denkst du denn? Das ist nicht dein Ernst? Und selbst wenn wir über die Mauer klettern, wer wird uns auf der anderen Seite empfangen?"

„Aber wir sind doch in Mailand, wir springen runter, schließlich wohnen wir hier …" In der Tat lag Peppinos Wohnung in der Via Ausonio, quasi um die Ecke. „Wir kennen die Gegend. Lass uns fliehen, der Schließer wird uns helfen."

„Hör mal, ich denke gar nicht daran", unterbrach mein Vater ihn. „Wenn ich allein wäre … aber mit dem Mädchen … sie bringen uns noch auf der Mauer um, ich will das nicht."

Letztendlich ist Peppino nicht geflohen. Er starb später in Mauthausen.

In diesen Wochen erlebte ich aber auch ein paar Momente der Normalität: Eine deutsche Jüdin hatte im Gefängnis eine kleine deutschsprachige Schule für die jungen Gefangenen eingerichtet. Sie war eine unscheinbare Frau und humpelte, allerdings war sie sehr bestimmt und verfügte über eine bewundernswerte Willenskraft. Als ich von dieser Schule hörte, wollte ich sofort mitmachen. Wir trafen uns morgens in einer etwas größeren Zelle und bildeten eine sehr gemischte Klasse (aus sieben oder acht Schülern und Schülerinnen aller Altersgruppen). Ich konnte zwar kein Wort Deutsch, aber für mich sollte sich dieser kurze, wenn auch improvisierte Unterricht später als Glücksfall erweisen. Die Lehrerin wurde sofort nach ihrer Ankunft in Auschwitz getötet.

In diesen Mauern traf ich Violetta Silvera und ihre Eltern wieder. Violettas Vater war überaus gläubig, er betete laut und hörte auch während der Deportation nicht auf, Gott zu preisen. Mein Vater, der so vollkommen anders war, ertrug das nur schwer. Violetta und ihre Mutter waren mir in Varese ein großer Trost gewesen, aber jetzt war Papà an meiner Seite. Wie lange würden wir zusammenbleiben dürfen? Mein Vater wusste, dass wir bald wieder getrennt werden würden, und in den Tagen davor, als die Verzweiflung überhandnahm, hatte er ängstlich nach Menschen gesucht, denen er mich anvertrauen wollte, falls ich allein bleiben sollte. „Meine Tochter hat keine Mutter", erklärte er den Umstehenden. „Wir haben schon erlebt, wie es ist, getrennt zu sein ..."

Eines Tages entließ man eine hochschwangere Jüdin zusammen mit ihrer Tochter, einem Mädchen in meinem Alter. Ihr Ehemann muss katholisch gewesen sein, und ich weiß nicht, wie er es geschafft hat, dass man sie freiließ. Sobald sich die Nachricht von ihrer Entlassung verbreitete, liefen alle Insassen der Flügel IV und V zu ihr, um ihr Zettel mit Nachrichten mitzugeben, die sie an die Verwandten in Freiheit weiterleiten sollte.

Viele Jahre später erfuhr die Tochter dieser Frau von den Veranstaltungen, bei denen ich meine Geschichte öffentlich erzählte, und machte mich ausfindig.

„Erinnerst du dich an die schwangere Frau, die aus San Vittore herauskam? Weißt du noch, dass sie eine Tochter in deinem Alter hatte?", fragte sie.

„Natürlich erinnere ich mich", antwortete ich. „Ich erinnere mich auch daran, dass du rote Haare und Sommersprossen hattest."

Wir trafen uns in Mailand, und obwohl sie sehr neugierig war und mich näher kennenlernen wollte, kam es nicht dazu. Vielleicht, weil die Leute von mir immer irgendetwas Ausgefallenes, irgendeine Besonderheit erwarten, ich aber stattdessen ein ganz normaler Mensch bin, oder vielleicht, weil wir beide von dem Treffen enttäuscht waren.

Die Tage in San Vittore waren nie eintönig: Ständig kamen neue Leute an, und alle erzählten grausame Dinge. Sie sprachen von Folter, Gewalt und Brutalität. Wir hörten begierig zu und unsere Angst wuchs. Wir lechzten nach Neuigkeiten. Abends, bei sehr schwachem Licht, durfte ich ab und zu die Zeitung lesen, ein

Exemplar des *Popolo d'Italia*, das jemand hineingeschmuggelt hatte. Die Berichte über den Kriegsverlauf waren nicht gut. Die Alliierten waren nach dem schnellen Sizilien-Feldzug in Salerno gelandet und hatten Neapel befreit, doch ihr Vormarsch war gleichdarauf an der Gustav-Linie zum Stillstand gekommen. Noch immer beherrschten die Nazis Europa mit eiserner Hand und die italienischen Republikaner hatten, um den Deutschen zu gefallen, die Rassengesetze und die Verfolgung der Juden in der Repubblica di Salò verschärft. Wir waren völlig entmutigt. Die große Angst jener Tage veranlasste die griechisch-stämmige Familie Besso, ihre Tochter mit einem Fremden zu verheiraten. Ihr Name war Lina und sie muss etwa zwanzig Jahre alt gewesen sein. Ihre Eltern befürchteten, dass die junge Frau der Gewalt der Soldaten ausgeliefert sein würde, und glaubten, dass die Ehe sie vor Vergewaltigungen schützen würde. Sie hatten nichts verstanden. Für unsere Peiniger waren wir keine Menschen, sondern eine Herde wertloser Tiere, eine Herde, die man erbarmungslos in den Abgrund treibt. Ob eine Frau verheiratet war oder nicht, änderte nichts.

Ich nahm an der improvisierten Hochzeit teil, ohne den eigentlichen Sinn zu verstehen: Mein Vater hatte mit mir nie über Sex gesprochen, und nicht einmal bei dieser Gelegenheit klärte er mich auf. Er sagte einfach nur: „Hör mal, es gibt eine Hochzeit in einer Zelle. Lass uns hingehen und zuschauen." Es war zwar keine richtige Zeremonie, sie hatten nichts, nicht einmal ein Glas zum Zertreten, aber die Rabbiner schafften es trotzdem, die Eheschließung zu vollziehen.

Als irgendwann täglich Hunderte von Menschen neu im Gefängnis ankamen, war allen klar, dass bald etwas passieren würde. Sie brachten diese Flut von Menschen in den geräumigen Zellen im oberen Stockwerk unter. An diesen Nachmittagen vor dem Abtransport lief ich nach oben, um all diese fremden und verstörten Männer und Frauen zu beobachten, die wie wir, vielleicht nach einem vergeblichen Fluchtversuch, verhaftet worden waren.

Ich wusste nicht, woher sie kamen, wahrscheinlich aus ganz Italien. Es gab sogar deutsche Juden, die in unser Land geflohen waren, in der Hoffnung, sich in Sicherheit zu bringen. In ihrer Verzweiflung beteten viele dieser Menschen ununterbrochen.
Der letzte Abend in San Vittore war nicht anders als der vorherige, denn mittlerweile hatten wir alle Tränen vergossen. Von einer Liste wurden die Namen derer verlesen, die am nächsten Tag fortgebracht werden würden. Von den 650 Insassen der Flügel IV und V wurden nur 45 nicht aufgerufen. Ich vermute, dass es sich um Menschen aus Mischehen handelte. Als Rino Ravenna seinen Namen hörte, stieg er mühsam in den obersten Stock und stürzte sich in die Tiefe. Er war der erste Tote, den ich sah. Rino war ein sehr einsamer Mann, ein Junggeselle, streng, kultiviert, wortkarg. Ich werde nie vergessen, wie er auf dem Betonboden von San Vittore lag, eine zerschlagene Gestalt, eingehüllt in einen schwarzen Mantel. Die Deutschen hatten ihm den Pelzkragen gestohlen, nur das völlig verstaubte Unterfutter war ihm geblieben.
Rinos Freitod überraschte mich nicht. Und zwar aus einem einfachen Grund: Mein Vater hätte das Gleiche tun können. Er tat es nur nicht, weil ich da war.
Ich erinnere mich an die Qual, es Giulio, seinem Bruder, zu sagen. Sie standen sich sehr nahe und es ging ihm nicht gut (er sollte kurz darauf im Durchgangslager Fossoli an den Entbehrungen sterben). Mein Vater überbrachte ihm diese Nachricht mit großem Kummer und viel Zuneigung. Das war der schwerste Moment des Tages, viel schmerzhafter als der Anblick des leblosen Körpers.

6

DIE FAHRT NACH AUSCHWITZ

Am Morgen des 30. Januar 1944 zog eine schweigende und traurige Menschenschlange durch die Korridore des Gefängnisses bis in den Hof. Wir liefen durch die Reihen der normalen Häftlinge. Sie sahen von den Galerien herunter und warfen uns Orangen, Äpfel und Kekse herab, vor allem aber riefen sie uns ermutigende, solidarische Worte und Segenssprüche zu. Sie waren außergewöhnlich: Menschen, die Mitleid mit anderen Menschen hatten, die nur deshalb ins Schlachthaus geschickt wurden, weil sie geboren worden waren.

Einer von ihnen sagte in starkem Mailänder Dialekt zu mir: „*Tusa*, schönes Kind, erinnere dich daran, dass ich Bianchi heiße, und du wirst sehen, du schaffst es!" Eine Prophezeiung, aber vor allem ein außergewöhnlicher seelsorgerischer Beistand. Es waren die letzten menschlichen Zuwendungen, die wir erlebten. Dann begann der Horror.

Unter Schlägen und Tritten luden sie uns auf einen Lastwagen. Wir durchquerten die verlassene Stadt und an der Kreuzung der Via Carducci entdeckte ich mein Wohnhaus, die Nummer 55 auf dem Corso Magenta. Es verschwand hinter einer Ecke der Abdeckplane aus meinem Blick. Am Hauptbahnhof bogen die Lastwagen von der Via Ferrante Aporti in eine Unterführung ein.

Es war stockdunkel und unsere Bewacher blendeten uns mit hellen Scheinwerfern. Ich klammerte mich an meinen Vater und er sich an mich. Wenn ich nicht gewesen wäre, hätte er sich – so glaube ich – auf eine der Wachen gestürzt und sich erschießen lassen.

Der Schmerz und die Unmenschlichkeit der vergangenen Tage waren nichts im Vergleich zu der Bestialität, die wir nun erlebten. Das war die Welt, an die wir uns gewöhnen sollten, unser neuer Alltag in den kommenden Monaten: deutsche Soldaten, bis an die Zähne bewaffnet, mit scharfen Hunden an der Leine. Doch der härteste Schlag war, als wir feststellten, dass die beflissensten unter unseren Peinigern nicht die Nazis waren. Es waren Italiener. In Kriegszeiten finden sich oft Täter, die versuchen, besser zu sein als ihre mächtigen Verbündeten, die sich bemühen, sie in ihrer Grausamkeit noch zu übertreffen. So geschah es 1940 im Vichy-Frankreich und jetzt auch bei uns.

Mein Vater konnte es nicht fassen.

„Italiener!", wiederholte er bestürzt. „Das sind Italiener, die uns schlagen, die uns stoßen, die uns verspotten!"

Zum ersten Mal begriff ich, dass man mich als eine Nicht-Person, als ein *Stück* ansah, das man in einen Waggon verlud und irgendwohin verfrachtete. Die schlimmsten Ängste wurden wahr. Die Vorhersagen, denen ich nicht hatte glauben wollen, wurden wahr: Ich hatte mir nicht viele Gedanken gemacht, und ich verfügte auch nicht über die Fähigkeit, den gesunden Menschenverstand, die Reife, die Intelligenz und die Fantasie, mir das vorzustellen, was sie mit uns vorhatten.

Viel Erfahrenere als ich begingen übrigens den gleichen Fehler. Und als der Zug losfuhr, verstand ich, dass wir in etwas hineingeraten waren, dessen Ausmaß uns vollständig entgangen war. Wir konnten nichts tun, wir konnten uns nicht einmal mehr umbringen. In San Vittore hätten wir es noch gekonnt, und Rino hatte es begriffen.

Für uns begann ein Sklavenschicksal. Wie die von Menschenhändlern verschleppten Afrikaner, die als Sklaven auf

Baumwollplantagen verkauft worden waren, betrachtete man uns *Stücke* als Arbeitskräfte und würde uns entsprechend unserer Arbeitsfähigkeit selektieren. Eingesperrt in einem Waggon, so wie damals die Afrikaner in die Laderäume europäischer Schiffe gestopft worden waren, entriss man uns unserem Land, unseren Eltern, unseren vertrauten Düften und Aromen. Von diesem Moment an sollten wir nicht mehr die sein, die wir immer gewesen waren, sondern nur noch die Sklaven von jemand anderem.

Sie luden uns vor den Rangiergleisen ab, die noch heute im Bauch des Mailänder Hauptbahnhofs zu finden sind. Das Umsteigen verlief blitzschnell. SS-Männer und Salò-Faschisten trieben uns mit Tritten, Schlägen und Stockhieben in Viehwaggons. War ein Waggon voll, wurde er verriegelt und über eine Hebeeinrichtung zum Abfahrtsgleis gebracht.

Solange die Wagen nicht aneinandergekoppelt waren, begriff niemand von uns, was hier eigentlich vor sich ging. Alles fand im grellen Licht von Scheinwerfern statt, die an strategischen Punkten in dem unterirdischen Bahnhof angebracht waren, zwischen Geschrei, Gebell, Pfiffen und Gewalt.

Wir fanden uns in der Dunkelheit des Waggons wieder, ein bisschen Stroh auf dem Boden und ein Eimer für unsere Bedürfnisse. Der Zug bewegte sich und schien Richtung Süden zu fahren. Also würden wir nicht zur Grenze gebracht, und das beruhigte uns ein bisschen. Es ging unglaublich langsam voran, manchmal hielt der Zug stundenlang. Durch die Gitter der Fenster sahen wir die winterliche Nebellandschaft der Emilia und verlassene Bahnhöfe mit bekannten Namen. Am Abend jedoch änderte der Zug die Fahrtrichtung, und in dieser Nacht schlief niemand.

Mittlerweile war klar, dass wir nach Norden fuhren, Richtung Österreich. Ein Chor aus Schluchzern erhob sich und schwoll so stark an, dass er das Rattern der Räder übertönte. Aus den verplombten Waggons erklangen Schreie, Rufe und Bitten, die niemand hörte.

Sechzig Menschen waren in dieser kalten, scheußlich riechenden, verschlossenen Kiste zusammengepfercht: Uringestank, graue Gesichter, steife Beine. Das Weinen verstummte und machte absoluter Verzweiflung Platz.
Der Gedanke, dass jemand entschieden hatte, uns dies anzutun, dass all dies kein zufälliger Unfall, sondern das Ergebnis einer präzisen und bestimmten Absicht war, erschreckte uns. Wir waren kaputtes Spielzeug und man warf uns weg. Sicher gab es unter uns auch solche, die sich die besten Plätze sichern wollten, dennoch waren wir eine Gruppe Unglückseliger, die im Schicksal vereint waren und nicht zu Machtmissbrauch neigten.
Vor der Abfahrt hatte man uns Reisekörbe mit jeweils sieben Portionen Zwieback, Kondensmilch und Mortadella gegeben. Mortadella: für Juden! Die meisten von uns hatten jedoch keinen Hunger. Wir waren völlig entkräftet, völlig gefühllos, so dass Tag und Nacht verschwammen. Ich selbst hatte weder Hunger noch Durst. Mich überkam eine Art von Appetitlosigkeit, so als hätte ich Fieber. Wenn es mir gelang nachzudenken, überlegte ich, dass Papà ohne mich vielleicht aus San Vittore hätte fliehen können, er hätte über diese Mauer springen können, wie Peppino es ihm vorgeschlagen hatte. Oder vielleicht auch nicht. Ich drückte mich an ihn. Er war erschöpft und bleich, und seine Augen waren rot, als hätte er tagelang nicht geschlafen. Er forderte mich auf, etwas zu essen, immer noch hatte er ein Stück Schokolade für mich. Ich steckte es mir in den Mund, um ihm einen Gefallen zu tun, aber ich konnte es nicht schlucken.
In der Mitte des Waggons bildete sich eine Gebetsgruppe. Einige Männer wiegten sich lange vor und zurück und rezitierten Psalmen. Es kam mir vor, als hörten sie nie auf, und ich hatte den Eindruck, dass sie die Glücklicheren unter uns waren.
Die Stunden vergingen in totaler Apathie. Es war schwierig, die Zeit einzuschätzen, denn nur noch wenige besaßen eine Uhr, aber auch diese Wenigen sahen nicht mehr nach der Zeit. Hin und wieder stand jemand mühsam auf, um durch die vergitterten Fenster zu sehen, die mit Lumpen verhängt waren, um diese

menschliche Fracht vor Kälte zu schützen. Draußen erstreckte sich eine schneebedeckte Landschaft, niedliche Häuser waren zu sehen, rauchende Schornsteine, Kirchtürme … aber es war unmöglich zu erkennen, wo wir uns genau befanden. Es war Winter und die meiste Zeit dunkel.

Das Wissen, machtlos zu sein und wirklich nichts für mich tun zu können, brach meinen Vater vollständig. Ich klammerte mich an ihn. So ließen wir die Tage vergehen, schweigend aneinandergelehnt.

Als ich viele Jahre später bei der Lektüre von Primo Levis *Ist das ein Mensch?* auf das Wort „Verwunderung"[9] stieß, sagte ich mir: „Das ist das Wort, mit dem ich von nun an meine Erinnerungen beschreiben werde." Denn in einem Kind wie mir gab es neben Kälte, Einsamkeit, Hunger, Melancholie und Traurigkeit immer auch die Verwunderung über das Böse der anderen. Es war ein ständiges Wundern. Ich stammte aus einer Welt von guten, sanften Menschen, aus einer Familie, in der man nicht stritt, in der man sich liebte, die zu einem friedlichen Bürgertum gehörte. Deshalb – selbst nach all den Zwischenstationen, die mich auf das Schlimmste hätten vorbereiten können – überstieg dieses Grauen meine Vorstellungskraft. Als ich sah, was sie mir und anderen antaten, als ich Zeugin der Gewalt wurde oder sie am eigenen Leib erfuhr, beherrschte die Verwunderung mein Denken mehr als der Schmerz. Ich hatte schon immer gewusst, dass dieses Wort in mir steckte, aber ich musste es erst lesen, um es zu begreifen.

Die Verwunderung über das Böse der anderen ist etwas Kindliches, ein Gefühl, das mit der Kindheit verbunden ist. Primo Levi erlebte dieses Gefühl bei seiner ersten Begegnung mit den deutschen Soldaten, die die Gefangenen fürchterlich schlugen, damit sie in die Waggons einstiegen. Und er erkannte, dass die Verwunderung ein Teil der Unschuld ist. Denn wer sich nicht mehr über etwas wundert, hat seine Unschuld verloren. Und ich habe mich immer gewundert, über alles, was ich gesehen habe.

Lilianas Fahrt nach Auschwitz. Ihr Zug, RSHA-Nummer 6, verließ den Mailänder Hauptbahnhof am 30. Januar 1944 und erreichte sein Ziel am 6. Februar.

Die Fahrt nach Auschwitz dauerte etwa eine Woche. In der Nähe von Villach wählte man meinen Vater und mich zusammen mit anderen Leuten aus, um an einem Durchgangsbahnhof Wasser zu holen. Wir betraten den Bahnsteig, während man mit vorgehaltener Waffe auf uns zielte, und konnten eine Kreideaufschrift an der Seite des Waggons lesen: „AUSCHWITZ BEI KATTOWITZ". Als wir wieder in den Zug stiegen, sagten wir zu den anderen: „Wir fahren zu einem Ort namens Auschwitz bei Kattowitz." Keiner hatte je von Auschwitz gehört. Aber irgendjemand wusste, dass Kattowitz in Polen lag.

Wir durchquerten Österreich, Oberschlesien und schließlich blieb der Zug stehen.

Es war der Morgen des 6. Februar 1944. Aus den verhängten Fenstern sahen wir einen Bahnhof, den eine Art Turm mit einer großen Uhr mit gotischen Ziffern krönte. Der Zug passierte den Bahnhof von Auschwitz und fuhr weiter: Dahinter wartete die *Judenrampe* auf uns, die berühmte Nebenstrecke, die eigens für die mit Juden beladenen Züge aus dem besetzten Europa gebaut worden war. Es war ein Abstellgleis: Die Züge kamen voll an und fuhren leer zurück.

Die Menschen weigerten sich auszusteigen, aber sie hatten keine andere Wahl. Wir wurden in ein Inferno katapultiert, das nicht nur ahnungslose Kinder wie mich, sondern auch Erwachsene verwunderte. Wir alle waren fassungslos. Niemand hatte sich so etwas vorstellen können. Sie zerrten uns gewaltsam aus den Waggons. Um die Verzweiflung dieser Momente zu verstehen, reichen die Augen des jungen Mädchens, das ich damals war, nicht aus: Es ist sinnvoller, sich diese Szene mit den Augen eines alten Menschen vorzustellen, von denen viele mit mir in diesem Zug waren. Sie hatten fast eine Woche dicht gedrängt in diesen Waggons verbracht und stürzten nun in eine noch schrecklichere Situation.

Sich in die Zerbrechlichkeit des Alters hineinzuversetzen, ist der effektivste Weg, um das Gefühl der Machtlosigkeit zu begreifen, das uns Gefangene peinigte. Damals war das Alter ganz anders, als wir es in der Gegenwart erleben. Heute fahren wir

alten Menschen Auto, einige von uns nutzen den Computer, aber damals waren alte Menschen schwach. Sie wurden in den Familien gehegt und liebevoll umsorgt.
Meine Großeltern väterlicherseits erlitten ein schreckliches Schicksal. Das fand ich erst sehr viel später in Ravensbrück heraus. Großvater Pippo und Großmutter Olga wurden trotz des Dokuments, das mein Vater mühsam besorgt hatte, verhaftet, verhört, beraubt, deportiert und getötet, gleich nachdem sie in Auschwitz angekommen waren. Welchen Sinn hatte es, sie all diesem Leid auszusetzen, wenn von Anfang an feststand, dass man sie töten würde? Warum hat man damals, als man die alten Leute aus dem jüdischen Seniorenheim im Ghetto von Venedig – die großen Feinde des großen Reichs – zusammentrieb,[10] sie nicht auf der Stelle getötet? In Kriegszeiten wäre das als ein weiteres Blutbad durchgegangen. Nein, man musste sie verhaften und zweitausend Kilometer weit fortschaffen, um sie in einer Gaskammer zu vernichten.

7
DIE EINSAMKEIT DES GEFANGENEN

Bei unserer Ankunft in Auschwitz sahen wir, wie die Gefangenen, die schon seit einer Weile im Lager waren, unsere Habseligkeiten zusammensuchten und unser Gepäck aufstapelten, während die Soldaten uns inspizierten. Männer und Frauen wurden getrennt, und ich, mit meinen verängstigten dreizehn Jahren, ohne jegliche Fremdsprachenkenntnisse, ohne zu begreifen, wo ich war und was mit mir geschah, ließ für immer die Hand meines Vaters los – ohne es zu wissen.

Ich war es gewohnt zu gehorchen, nicht nur weil mein Vater streng war, sondern weil ich ihm absolut vertraute: Was er mir sagte, tat ich. Ich war überhaupt nicht wie die heutigen Jugendlichen. Er sagte zu mir: „Bleib bei Signora Morais.“ Und das tat ich, solange es mir möglich war.

Im deutschsprachigen Unterricht in San Vittore hatte unsere Lehrerin uns immer *Wien, du Stadt meiner Träume* singen lassen, einen alten Schlager. Ich kannte ihn auswendig und hatte die Bedeutung der Worte gelernt. Als ich an der Reihe war, stand ich vor Signora Morais, die ihre beiden Kinder festhielt.

Der SS-Mann fragte mich: „*Allein?*“

Der Refrain des Schlagers lautete „*Wien, Wien, nur du allein*“, und so begriff ich, dass der Soldat wissen wollte, ob ich ohne Begleitung wäre.

„Ja“, antwortete ich, und er schickte mich nach links.

Unmittelbar danach war Signora Morais an der Reihe. Sie fragten sie nichts und schickten sie auf die andere Seite. Noch am selben Tag ging sie in die Gaskammer, zusammen mit ihren Kindern und ihren Eltern. Als ich sah, dass die Frau nach rechts geschoben wurde, erinnerte ich mich an die Aufforderung meines Vaters („Bleib bei Signora Morais“) und versuchte, wieder zu ihr zu gelangen. Aber das war kein Ort, an dem man seine Meinung einfach ändern konnte. Da war nichts zu machen. Nun war ich wirklich *allein*.

An diesem Tag entgingen von den Frauen, die im selben Zug wie ich angekommen waren, nur einunddreißig dem Gas. Mehr als die Hälfte der sechshundertfünf Gefangenen waren Frauen, aber für die Nazis waren wir nur Arbeitskräfte: Es war günstiger, die Frauen loszuwerden und die Männer zu behalten, die körperlicher Anstrengung besser gewachsen waren. Unter den etwa achtzig Männern, die für die Zwangsarbeit ausgewählt wurden, war auch mein Vater. Ich sah ihn noch von weitem, auf dem Weg ins Lager, zusammen mit einer kleinen Gruppe von Kameraden. Die anderen, die auf Lastwagen verladen wurden, gingen direkt in den Tod. Ich winkte ihm zu, überzeugt ihn am Abend wiederzusehen.
Zusammen mit den ausgewählten Frauen erreichte ich das Tor von Birkenau. Wir kamen zu Fuß dort an, denn zu jener Zeit, im Februar 1944, fuhr der Zug noch nicht ins Lager. Das Gleis, das bis zum Krematorium führte, sollte erst später gebaut werden.

Wir betraten das Lager und erblickten etwas, das uns wie eine Halluzination vorkam: Wir sahen Hunderte bis aufs Skelett abgemagerte Frauen mit kahlgeschorenen Köpfen, in gestreifter Kleidung, die Kübel und Steine schleppten, während Scharen von Teufelinnen, die SS-Frauen, sie brutal schlugen und die Hunde gegen sie aufhetzten. Es glich einem Sturm der Elemente aus Pfiffen, Wind, Schnee und Gebell … Es war eine Hölle aus Eis. Das Feuer sollten wir später kennenlernen, das Feuer der Krematorien.

Ohne etwas zu verstehen, ohne zu begreifen, was geschah, wurden wir in eine Baracke geführt, wo man uns alles abnahm, unsere Papiere und das Wenige, das wir noch bei uns hatten. Die Miniatur meiner Mutter, die ich um den Hals trug, riss man mir brutal herunter.

Manche weinten, manche übergaben sich, andere beteten oder verzweifelten. Die Nacktheit war ein Trauma: Frauen waren es damals nicht gewohnt, sich unbekleidet zu zeigen, und die verächtlichen Blicke der Männer in Uniform zerbrachen uns. Wir fühlten uns hilflos, erniedrigt, gedemütigt und ganz sicher nicht begehrenswert. Der Schrecken über unsere Nacktheit hatte nichts mit einer drohenden Vergewaltigung zu tun. Für die Deutschen waren wir eine minderwertige Rasse, die sie verachteten und verspotteten. Wir waren kein Objekt der Begierde.

Man schickte uns zu einer Frau, die allen die Haare abrasierte. Danach war niemand mehr der Mensch, der er zuvor gewesen war. Sogar von den Haaren ‚entkleidet' zu werden war eine weitere Demütigung, denn so nahmen sie den Gefangenen auch noch die letzte, dünne Schicht ihrer Persönlichkeit. Ich hatte dickes, schwarzes Haar und bereitete mich schon darauf vor, das Schicksal der anderen zu teilen, als eine deutsche Aufseherin ausrief: „Oh, was für schöne Haare!"

Eine Begleiterin übersetzte mir ihre Worte.

„Der rasieren wir sie nicht ab", befahl sie der Haarschneiderin.

Danach tätowierten sie uns. Ich erinnere mich, dass dort zwei Mädchen bei mir waren, zwei Schwestern, Laura und Luciana Sacerdote, die mit ihrer Mutter ins Lager gekommen waren. Von diesem Tag an war ich 75.190, Laura 75.191, Luciana 75.192 und ihre Mutter 75.193.

Ich trug die gestreifte Uniform und schloss mich meiner Gruppe an. Als einzige der einunddreißig Frauen hatte ich noch Haare. Und das war nicht nur eine Frage der Ästhetik: Es waren die ersten Februartage und bei dem herrschenden Frost war es entscheidend, ob man Haare hatte oder nicht. Außerdem genossen die Menschen, die ihre Haare behalten hatten, im Lager einen

gewissen Status, denn in den Augen der Deutschen besaßen sie einen ‚Ausweis'. Die Soldaten sahen dich an und dachten: „Die hat aus irgendeinem Grund Haare. Also ist sie eine Verwandte oder Freundin einer einflussreichen Person."
Natürlich hatte ich weder Kamm noch Bürste, geschweige denn etwas zum Waschen. Mein Kopf juckte, denn seit meiner Verhaftung waren mit Inhaftierung und Deportation bereits zwei Monate vergangen, in denen ich mir die Haare nicht hatte waschen können. In San Vittore hatte es nur das Rinnsal eiskalten Wassers gegeben, das aus den Latrinen kam, und nichts zum Abtrocknen, also hatte ich mir nie die Haare gewaschen. Jemand gab mir ein rotes Taschentuch, das ich mir um den Kopf binden sollte – ich besitze es noch heute – und das ich zusammen mit einem grünen Bändchen benutzte, das ich sehr sorgfältig hütete. Es war das Einzige, das Einzige, was mich an mein früheres Leben erinnerte.

Die Deutschen waren sehr besorgt, dass im Lager Epidemien ausbrechen könnten. Sie hatten festgestellt, dass einige der Deportierten aus den Ghettos krank waren, und so brachte man alle Neuankömmlinge am ersten Abend in die sogenannte ‚Quarantänebaracke', wo sie etwa zwei Wochen lang von den anderen Gefangenen isoliert wurden.
Auch ich kam in diese Baracke, zusammen mit vielen anderen Frauen, die alle älter waren als ich. Dort erzählten mir einige französische Frauen, dass ich all jene, die an der Rampe zurückgeblieben waren, nie wiedersehen würde, und sie erklärten mir, wozu der Schornstein diente, der das Lager überragte.
Überwältigt von diesem Tag, streckte ich mich auf einem Strohsack nieder.
Als ich die Augen schloss, bemerkte ich eine Veränderung in mir. Ich würde nie mehr dieselbe sein wie vorher, denn ich begriff, dass ich allein war. Es gibt ein Gemälde von Paul Gauguin mit dem Titel *Otahi*, was in der Sprache der Maori ‚allein' bedeutet. Es zeigt eine schöne liegende Tahitianerin in einer natürlichen

Umgebung, die so völlig anders ist als die des Lagers. Als ich dieses Bild als Erwachsene sah, schien mir, dass es das Gefühl der Einsamkeit, das ich in jener ersten Nacht empfand, perfekt ausdrückt.

Die Jugendlichen, die ich heutzutage treffe, wenn ich in Schulen meine Geschichte erzähle, fragen mich oft: „Worunter haben Sie psychisch am meisten gelitten?“ Meine Antwort ist immer dieselbe: „An der Einsamkeit. An der Einsamkeit des Gefangenen.“ Die Momente, in denen diese Einsamkeit dein Herz zusammenschnürt, sind schwer zu vergessen. An jenem ersten Tag hatte mich dieses Gefühl der Kälte gepackt, als ich die Frauenreihe mit Signora Morais verlassen musste. Danach wurde es noch unerträglicher, weil mir die einzige Gewissheit fehlte, die mir in solchen Momenten immer geholfen hatte: das Wissen, dass ich meinen Vater wiedersehen würde. Jetzt spürte ich, dass ich ihm nie mehr begegnen würde. Es war ein unbestimmtes Gefühl, doch voll von absolutem Unglück. Ich konnte mich bei niemandem ausweinen, nicht einmal bei einer der fremden Frauen.

In wenigen Stunden hatte ich meinen Vater verloren und das Bisschen, das mir noch geblieben war, hatte schreckliche Geheimnisse erfahren und begriff nun, dass die Zukunft nicht weniger beunruhigend sein würde. Das einzige Geräusch um mich herum war das Weinen meiner gefangenen Kameradinnen. Durch ein kleines Fenster sah ich den Schnee fallen.

Als diese Nacht vorüber war, begannen die zeitlosen Tage der Quarantäne. Wir hörten schreckliche Gerüchte darüber, was uns erwartete, sobald wir die Isolation verlassen würden: Wir Neuankömmlinge lernten die Regeln des Lagers, erfuhren, was sie mit den Gefangenen machten, dass sie uns schlagen oder auf der Stelle töten konnten, dass wir gehorchen und Deutsch lernen mussten.

Einige wollten es nicht wissen, sie wollten, sie konnten es nicht glauben. Ich hingegen wollte es wissen und wollte verstehen. Ich wusste, dass niemand an mich denken würde, obwohl es in meiner

Gruppe eine Frau gab – eine Ärztin –, die von meinem Vater gebeten worden war, auf mich aufzupassen. Diese Frau hat mich niemals angesehen. Ich musste allein zurechtkommen.

In diesen zwei Wochen bekam ich meine ersten Schläge und Tritte. Ich weinte die ganze Zeit, Tag und Nacht. Ich sprach mit niemandem, ich habe nur geschluchzt, wie alle Frauen. Es war so unfassbar, dass wir nicht sprechen konnten. Doch nach zwei oder drei Tagen kamen die Sacerdote-Schwestern zu mir und fragten:

„Wieso hast du noch deine Haare?"

„Ich weiß nicht, sie haben sie mir gelassen ..."

Die zwei Mädchen waren ein paar Jahre älter als ich, sehr hübsch und sehr vornehm, so wie man damals in einer bürgerlichen Familie sein musste. Diese beiden Menschen glichen mir im Lager am meisten. Die Schweiz hatte sie und ihre Verwandten abgewiesen, genau wie uns. Das einzige Mädchen, mit dem ich, abgesehen von den beiden, noch sprach, war Enrica Polacco, eine sehr einfache und sehr nette Venezianerin. Auch sie überlebte, und als wir uns Jahre später wiedertrafen, sagte sie: „Du warst die mit dem roten Taschentuch!"

Luciana Sacerdote war 1924 geboren und ganz und gar nicht der klassische jüdische Typ: Sie war blond, mit einer hübschen kleinen Nase, sehr eitel und hatte unzählige Verehrer. Sie war mit ihrem Verlobten in Auschwitz angekommen, aber er wurde sofort mit seiner Mutter in die Gaskammer geschickt.

Ihre vier Jahre ältere Schwester Laura hingegen war weniger schön, sanfter und nachdenklicher. Aber trotz ihrer Unterschiede waren sie immer noch eine Familie, verbunden durch eine sehr liebevolle Mutter, und das machte sie in meinen Augen, weil ich ohne Mutter aufgewachsen war, noch interessanter. In der Ödnis der ersten endlosen Tage im Lager, auf dem Höhepunkt meiner Fassungslosigkeit, war es für mich lebenswichtig, eine Familie zu finden, die mit mir redete.

Nach ein paar Tagen wurde ihre Mutter krank und kam in die Krankenbaracke. Sie kehrte nicht mehr zurück. In der kurzen Zeit hatte sie nicht durchschauen können, dass die Krankenbaracke in

Auschwitz eine Falle war. Ich weiß nicht, ob man sie direkt ins Gas schickte oder ob sie an einer Infektion starb, die sie sich auf der Krankenstation zuzog. Luciana und Laura weinten verzweifelt. Sie hatten ihre Mutter verloren und ihren Vater nicht mehr gesehen, seit sie bei ihrer Ankunft getrennt worden waren. Erst später erfuhren wir, dass man ihn gleich nach der Ankunft in der Gaskammer ermordet hatte.

8
ANNULLIERT

Nachdem die Quarantäne vorbei war, mussten wir alle zum Appell antreten. Jede musste sagen, was sie konnte: ob sie ein Musikinstrument spielte, eine Facharbeiterin war oder irgendeine andere Fähigkeit besaß. Ich habe nicht geantwortet. Ich konnte ja nichts. Trotzdem wählte man mich und Luciana für die Arbeit in den Weichsel-Union-Metallwerken aus, die sich in der Stadt Auschwitz befanden. Laura hingegen blieb im Lager und arbeitete im Freien. Die beiden Schwestern sahen ihre letzte verbliebene Verbindung reißen.
Wir waren insgesamt eintausendvierhundert Arbeiterinnen: siebenhundert in der Tagesschicht und siebenhundert in der Nachtschicht. Wir merkten bald, dass wir großes Glück hatten. Die Arbeit im Freien war die Hölle: Steine aufladen, Steine abladen, im Februar, bei Frost. Aber es war nicht nur das: Es war sehr wichtig, den Tag außerhalb des Lagers zu verbringen und die schrecklichen Dinge, die dort passierten, nicht zu sehen. Also baten wir die Blokowa (die Blockälteste, das weibliche Pendant zum Kapo), Laura ebenfalls in die Fabrik zu schicken. Ich holte alles aus dem bisschen Deutsch heraus, das ich konnte, und – ich weiß nicht, wie – es gelang mir, sie zu überzeugen. Laura kam zu uns in die Weichsel-Union-Metallwerke und von da an blieben wir immer zusammen: Wir arbeiteten zusammen und schliefen in derselben Baracke.

Erst am Ende, während des Todesmarschs, verloren wir uns und trafen uns zufällig im Lager Malchow wieder. Als wir uns wiederfanden, war Laura sehr krank, ein Skelett mit geschwollenen Händen und Beinen. Sie war herzkrank. Irgendwann stand sie nicht mehr auf. Als wir Malchow verließen, musste Luciana sie dort zurücklassen. Sie starb einige Wochen nach der Befreiung in einem amerikanischen Krankenhaus. Luciana beschloss, ihre Leiche nicht nach Italien zurückzuholen.

Im Lager hatten Luciana und ich uns immer wieder versprochen, dass wir uns nach dem Krieg wiedersehen.

„Wenn wir nach Hause zurückkehren", sagte ich zu ihr, „komm nach Mailand und ich mache dir Risotto!"

„Ich lade dich nach Genua ein", erwiderte sie, „und ich koche dir Trenette al pesto!"

Wir trafen uns später in Santa Margherita Ligure und in Rapallo. Luciana hatte sich wieder in Genua niedergelassen, wo sie ein bedeutendes Stoffgeschäft in der historischen Altstadt führte. Das Geschäft hatte ihrem Vater gehört und sie versuchte, es mit alten Angestellten wieder aufzubauen. Eine Beziehung zu einem falschen Mann ruinierte sie finanziell, und von da an lebte Luciana ein trostloses Leben. Sie hatte kein Glück mit Männern, und jedes Mal, wenn sie einen neuen traf, kam sie nach Mailand, um meine Zustimmung einzuholen.

„Aber ich bin nicht die Richtige, dich dabei zu beraten", sagte ich zu ihr.

Sie starb vor ein paar Jahren, nach einem traurigen Lebensabend und allein, weil sie nie einen Menschen kennengelernt hatte, der sie liebte. Wir aber haben immer telefoniert, haben immer Verbindung gehalten.

In der Fabrik waren wir fast alle aus Westeuropa: Niederländerinnen, Belgierinnen und viele Französinnen. Es war ein babylonisches Sprachengewirr, das in seinem Durcheinander zu dem paradoxen Zustand völliger Taubheit führte. Die Kommunikation war extrem schwierig. Es gab auch weibliche Gefangene aus

Osteuropa, die Jiddisch sprachen und die durch das gemeinsame Schicksal wie Schwestern verbunden waren. Wir waren säkular, überhaupt nicht religiös, und wir fühlten uns ganz anders als diese Frauen, sogar körperlich. Sie waren in ihren Heimatländern in gewisser Weise getrennt von den anderen Bewohnern aufgewachsen, während wir genauso waren wie alle nichtjüdischen Frauen in Westeuropa.

Viele von ihnen sprachen nicht einmal die Sprache ihres Heimatlands. Ich teilte mir den Arbeitstisch mit polnischen Frauen, die kein Polnisch konnten: Sie sprachen nur Jiddisch, hatten nur jiddische Theaterstücke gesehen, nur jiddische Zeitungen gelesen, nur jiddische Schulen besucht ... Sie kamen aus Białystok, einer Stadt, in der die jüdische Gemeinde etwa 30.000 Mitglieder zählte und die Mehrheit der Einwohner stellte. Wir hörten ihnen zu, ohne etwas zu verstehen.

Zwei oder drei Tage, nachdem ich in der Fabrik angefangen hatte, merkte ich, während ich an meinem Tisch saß, wie etwas über mein Gesicht lief. Es war eine Laus. Mein Kopf juckte schon seit einiger Zeit und ich kratzte mich heimlich. Als eine polnische Gefangene bemerkte, was ich zwischen den Fingern hielt, rief sie eine Blokowa, die meine Nummer notierte.

Am nächsten Morgen, beim Appell, rief man meine Nummer, die ich sehr rasch gelernt hatte: „*Fünfundsiebzig Einhundertneunzig!*" 75.190. Als ich sie hörte, schrak ich zusammen. Sie holten mich ab und brachten mich in die *Sauna*, einen Raum, in dem die Gefangenen entkleidet, desinfiziert und rasiert wurden. Ich verbrachte den ganzen Tag dort – das war bei weitem das Schlimmste, was ich im Lager erlebt habe – und sie rasierten mir die Haare ab.

Sie fielen in langen Strähnen zu Boden, zusammen mit dem grünen Bändchen, das ich nie wieder sehen sollte. Man desinfizierte auch meine Kleidung und ließ mich allein, nackt und kahlrasiert, in einem riesigen Raum, der nur ein einziges, gesprungenes Fenster hatte. Es war Ende Februar, die Kälte war furchtbar, und es gab nur einen kleinen Kachelofen in einer Ecke, einen dieser Öfen wie in den Berghütten. Es gab nichts zum Hinsetzen, nichts zu

essen, nichts für die Notdurft, und so stand ich stundenlang in schrecklicher Einsamkeit, neben der einzige Wärmequelle, und versank in einen Zustand, den ich in meinem Leben nie wieder erlebt habe.
Am Nachmittag kam ein sehr junges tschechoslowakisches Mädchen herein, ebenfalls nackt, das die gleiche Behandlung wie ich überstanden hatte. Ihren Namen habe ich nie erfahren. Sie kam zum Ofen, weil es im Rest des Raums zu kalt war, und so standen wir, schweigend, vielleicht zwei oder drei Stunden – eine unbestimmbare, unmessbare Zeit –, bis wir schließlich das Bedürfnis verspürten, miteinander zu reden, trotz der Sprachhürde. Wir taten alles, um uns zu verständigen, bis ihr ein Wort auf Latein einfiel. Da ich nur zwei Jahre auf ein ‚Kriegs'-Gymnasium gegangen war, konnte ich nur sehr wenig Latein, aber wir klammerten uns an dieses Schullatein und begannen, einfachste Sätze zu bilden – „Familia pulchra est … die Familie ist schön … domus mea … mein Haus …" Danach haben wir uns nie wieder gesehen. Keine kannte den Namen der anderen – es interessierte uns einfach nicht –, aber ich habe mich noch nie im Leben jemandem so nahe gefühlt wie diesem Mädchen. Es war ein sehr wichtiger Moment, ein Austausch zwischen Fremden, so intensiv, als würde man sich verlieben.
Irgendwann betrat eine Aufseherin die *Sauna* und warf uns unsere Holzschuhe hin, unsere desinfizierten Kleider waren noch feucht, und jede von uns ging in ihre Baracke zurück.

Die Tatsache, dass ich keine Fremdsprache beherrschte, verstärkte meine Einsamkeit noch mehr. Den einzigen Kontakt zur Außenwelt hatten wir durch die neuen Gefangenen, die Tag für Tag ankamen und uns erzählten, was da draußen vor sich ging. Meistens verstand ich jedoch nichts von dem, was sie sagten, weil sie in Sprachen redeten, die ich nicht konnte. Es gab nur sehr wenige Italiener, und die meisten Juden aus dem Osten sprachen Jiddisch, so dass ich mich viel fremder fühlte als beispielsweise meine liebe Freundin Goti Bauer, die in Fiume aufgewachsen war, wo die

Menschen neben Italienisch auch Deutsch und Ungarisch sprachen. Sie verstand somit, was um sie herum geschah.

Doch Sprachkenntnisse bewahrten einen nicht vor dem Schrecken, denn im Lager wurden wir alle – jung wie alt – *annulliert*. Annulliert ist das richtige Wort. Wenn ich daran denke, was ich erlebt habe, empfinde ich unendliches Mitleid mit dem jungen Mädchen, das ich damals war, mit dieser Liliana, deren Großmutter ich heute sein könnte. Ich war eine Ameise in einem Ameisenhaufen, hatte allerdings nicht einmal einen Krümel Brot, den ich hätte schleppen können. Sogar unter den Gefangenen war ich immer eine *Paria*. Ich besaß keine nützlichen Fähigkeiten: Ich war nicht schlau und sprach nur Italienisch. Mir hätte alles Mögliche zustoßen können.

Das Gefühl der ständigen Beklommenheit, das ich im Lager entwickelte, habe ich mein ganzes Leben lang mit mir herumgetragen und es wird mich bis zur letzten Sekunde wie ein Schatten verfolgen. Viele Jugendliche schreiben mir oft: „Sie sind eine Heldin." Nichts könnte falscher sein. Ich bin keine Heldin, ich habe *durch Zufall* überlebt. Nie habe ich irgendetwas getan, auf das ich stolz sein könnte, ich habe nicht rebelliert … im Gegenteil. Ich habe immer passiv ertragen, was um mich herum geschehen ist. Ich fühlte mich annulliert.

In solchen Situationen ist es fast unmöglich, sich heldenhaft zu verhalten, denn die Entbehrungen, das erzwungene Fasten und der Hunger bringen einen dazu, nur an die dringendsten Bedürfnisse zu denken, vor allem ans Essen. Und diese Abhängigkeit von Nahrung raubt einem die Würde. Denn jeder, der von etwas besessen ist – sei es von einer verrückten Liebesbeziehung oder dem Wunsch, um jeden Preis einen Wettbewerb zu gewinnen –, vergisst alles andere. Doch wenn sich das eigene Leben nur um den Moment der Essensausgabe dreht, bedeutet das, dass man sich auf das Niveau eines Tiers herabgelassen hat. Und so war es auch bei uns.

Die einzige Möglichkeit, diesem Albtraum zu entkommen, bestand darin, sich abzuwenden und nicht hinzusehen. Ich habe mir immer *verboten* hinzusehen. Erst mit dem Alter konnte ich die Dinge *ansehen*, die vor meinen Augen geschehen waren und die ich nur *registriert* hatte. Es ist eine Sache zu registrieren und eine andere hinzusehen, und ich habe zu viele Jahre lang einfach nur registriert, ohne hinsehen zu wollen. Alles: von den Leichenbergen bis zu den knienden Gefangenen. Oder jene, die sich in den Elektrozaun warfen, um zu entkommen.

Die Arbeit in den Weichsel-Union-Metallwerken war für mich überlebenswichtig. Nicht nur, weil wir in einem Gebäude waren, sondern auch, weil wir einen Zeitplan hatten, eine Routine, einen Rhythmus, der uns sehr half. All jene, die draußen arbeiten mussten, hatten keine Strukturen: Es war wie ein Leben auf einer einsamen Insel, man wusste nicht, welcher Tag gerade war. Wir wussten zwar auch nicht, welcher Tag war, aber wir wussten zumindest, dass wir an *diesem Tag* an unserem gewohnten Ort arbeiten würden, also drinnen, und dass wir duschen durften, wenn wir zurückkamen. Außerdem waren wir ‚funktionelle' Arbeiterinnen, das bedeutete, dass unsere Arbeit einen praktischen Nutzen hatte, während alle anderen mit Tätigkeiten beschäftigt waren, sogar mit Schwerstarbeit, die oft einfach nur die Überzeugungen und die Moral der Gefangenen brechen sollten.
Die Weichsel-Union-Metallwerke produzierten Munition und befanden sich neben dem Stammlager von Auschwitz. Die Fabrik war ein langgestrecktes Gebäude, typisch für die damalige Zeit, und ich arbeitete in einer riesigen Halle, an die andere Abteilungen grenzten, die ich aber nie betreten habe. Darunter war auch der sehr wichtige *Pulverraum* mit dem Schwarzpulver, das wir in die vorbereiteten Patronenhülsen füllen mussten. In eben diesem *Pulverraum* begann eine unglückselige Initiative einiger heldenhafter Mädchen. Der Fabrikboden bestand aus Zementfliesen, von denen einige lose waren. Unter jenen, die angehoben werden konnten, versteckten die Mädchen kleine gestohlene Gegenstände (Diebstahl war im Lager normal, man nannte es *Klepsi-Klepsi*). So

ließen sie den männlichen Gefangenen Schwarzpulver zukommen. Als ihr Plan aufflog, führte man die Mädchen zum Lagerplatz mit dem Galgen und erhängte sie. Die Hinrichtung ging langsam vonstatten. Wir mussten stundenlang knien und ihrem Todeskampf zusehen, während der Lagerführer eine eindrückliche Rede darüber hielt, was mit uns geschehen würde, wenn auch wir versuchen sollten, dem großen Deutschen Reich zu schaden.
Am Abend, zurück in der Baracke, gaben sie uns eine Essensbeilage, die *Zulage*. Und wir alle aßen.

9
ALLEIN

Die Abteilung, in der ich bei der Union arbeitete, lag neben einem breiten Korridor, der zu den Toiletten führte und in dem eine große Uhr hing. Einmal am Tag durften wir in der Fabrik auf die Toilette gehen, und wenn wir den Korridor durchquerten, sahen wir auf dieser Uhr nach der Zeit. Ich erinnere mich, mit welcher Neugierde und welchem Interesse wir auf die Zeiger schauten: Kein Gefangener hatte eine Uhr, alle unsere persönlichen Gegenstände waren uns bei der Ankunft im Lager abgenommen worden. So waren wir auch in dieser Hinsicht privilegiert.

Monatelang wurde ich als Zuarbeiterin für die Leute eingesetzt, die besser qualifiziert waren als ich, sowohl Männer als auch Frauen, denn in der Fabrik arbeiteten wir zusammen. In dieser Zeit habe ich mir den Rücken kaputtgemacht und kann seitdem nichts Schweres tragen.

Eines Tages bekam ich den Auftrag, einem Arbeiter einige Eisenstücke zu bringen, und so lernte ich Professor Hirschel kennen, einen Franzosen, der in seinem freien Leben Geschichtslehrer gewesen und etwa so alt wie mein Vater war. Er war ein reizender Mensch, sehr lieb, schüchtern, sensibel – und erinnerte mich sofort an Papà. Bei der Arbeit war es verboten zu reden, aber es gelang uns trotzdem, ein paar Worte zu wechseln.

Kaum, dass er mich sah, fragte er: „Wie alt bist du?"

„Dreizehn", antwortete ich.

„Ah … wie meine Tochter …"
Jedes Mal, wenn ich ihm die Eisenstücke brachte, erzählten wir uns etwas, es waren Fragmente einer Unterhaltung.
„In welcher Klasse warst du?", fragte er mich eines Tages.
„Dieses Jahr wäre ich in die achte gekommen."
„Und in Geschichte, was hast du als letztes gelernt?"
Ich erzählte ihm, an welchem Punkt ich mit dem Stoff hatte aufhören müssen, und er machte mir einen Vorschlag: „Tun wir so, als wären wir frei. Wir reden über Geschichte und nicht über traurige Dinge."
Und so machten wir jedes Mal, wenn ich ihm Material brachte, in den zwei Minuten, die er brauchte, um die Eisenlieferung zu notieren, ein bisschen Unterricht.
Es war wunderschön, denn in dieser kurzen Zeit waren wir keine Gefangenen, sondern Lehrer und Schülerin. Tagelang eroberten wir uns unsere Rollen und ein Stückchen Freiheit zurück. Ich konnte es kaum erwarten, die Fabrik zu betreten und ihn zu treffen.
Mit Professor Hirschel gab es einen echten Austausch: Er schenkte mir sein Wissen, und ich dankte es ihm mit meiner Aufmerksamkeit und meinem aufrichtigen Interesse. Und wie hätte ich ihm nicht zuhören können? Sein Unterricht war unglaublich: Wir gingen die großen Ereignisse der Vergangenheit durch, während wir selbst ein Stück Geschichte durchlebten. Einen Film im Film.
Zu den Kollegen bei der Union gehörte auch Hans Kahlberg, ein zierlicher und sehr freundlicher Deutscher mit Wohnsitz in Florenz, wo er verhaftet worden war. Da er Junggeselle war, hatte er bei der Deportation ins Lager weder Verluste noch Trennung erleiden müssen. Er überlebte, und ich traf ihn manchmal in Mailand, in der Via Montenapoleone, als ich frisch verheiratet war. Jedes Mal, wenn wir uns begegneten, sagte er: „Guten Morgen, Signora. Erinnern Sie sich?" Ich erwiderte das „Guten Morgen" und ging weiter, denn ich hatte überhaupt keine Lust, mich zu erinnern.

In der Fabrik bekam ich endlich Nachrichten von meinem Vater. Signor Sorani, der mit uns deportiert worden war, überbrachte sie mir.
„Sie haben ihn nach Buna geschickt“, sagte er mir. Buna war ein Unternehmen in Monowitz, in der Nähe von Auschwitz, wo sie eine Fabrik für synthetischen Kautschuk errichten sollten. Das Projekt scheiterte und die Fabrik wurde nie fertiggestellt.

Der morgendliche Weckruf war brutal: Die Blokowas hatten eine Art Stock, vielleicht einen Ziemer, mit dem sie blindlings gegen jede *koja* der Stockbetten schlugen, in denen wir zusammengedrängt schliefen. Der Schlag konnte ins Leere gehen oder einen Kopf oder ein Bein treffen.
Sie schrien: *„Aufstehen! Kaffee fassen!“*, und aus jeder Koje mussten zwei Gefangene einen Eimer mit heißer Brühe holen, die auf Polnisch *czaj*, Tee, hieß. Wir tranken gierig aus einem rostigen Blechnapf, den wir uns zu viert oder fünft teilten. So ekelhaft es auch war, es war das einzig Trinkbare im ganzen Lager, die einzige Flüssigkeit, die einen nicht in die Krankenstation brachte. Auschwitz war von Sümpfen umgeben, und das Wasser war verseucht. Über den Wasserhähnen stand auf Polnisch: „Wody pić nie wolno“ (Wassertrinken verboten), aber wir tranken es trotzdem und hatten ständig Durchfall. Neben Abszessen und Infektionen war die Ruhr die häufigste Krankheit im Lager, viel häufiger als Lungenentzündung, wie man es in jener Jahreszeit erwartet hätte.
Die einzige sichere Wasserquelle waren die Eiszapfen, die sich am Rand des Barackendachs bildeten. Schnee oder Regenwasser gefror, und ich – wie alle, die dort herankamen – brach mir, wann immer ich konnte, Stücke ab, um mir damit den Magen zu füllen.
Nach dem *czaj* liefen wir im Eiltempo hinaus, in einer Reihe, und es ging mit dem Appell weiter. Das war der Moment am Tag, an dem die Zahlen stimmen mussten. Wenn jemand in der Nacht gestorben war, entweder in der Koje oder auf der Toilette, drehten

die Deutschen durch. Wir standen stundenlang im Freien, zählten durch und taten dies so lange, bis alles stimmte. Und wehe, man fiel um. Ich hatte schnell mitbekommen, dass die Neuankömmlinge sich immer in die erste Reihe stellten, während die Klügeren die letzte Reihe vorzogen, wo man den Deutschen nicht ins Gesicht sehen musste – die oftmals den ersten Menschen, der ihnen über den Weg lief, auf der Stelle töteten – und wo man etwas weniger fror, da man näher an den Baracken stand.
Schließlich marschierten wir in die Fabrik, aufgeteilt in ‚Kommandos', also Arbeitsgruppen. Wir kamen in Fünferreihen aus dem Lager und waren froh, das Krematorium, das Geschrei, die Hunde und die Trillerpfeifen hinter uns zu lassen. Die Klänge eines kleinen Orchesters, das am Eingang spielte, begleiteten uns. Es ging über einen Feldweg in Richtung der Stadt Auschwitz. Wir mussten in unseren Holzpantinen sehr schnell gehen, durch die Kälte des Winters, durch Schnee und Schlamm. Wir hörten das Läuten der Kirchenglocken und die Stimmen der Menschen, die sich in den Häusern unterhielten. Man zwang uns, Lieder und Hymnen auf Deutsch zu singen.
Sobald wir in der Fabrik ankamen, nur mit einer Kelle heißer Brühe im Leib, hungrig und bereits erschöpft, begrüßte uns der Anführer der Wacheinheit oft mit den Worten: „Ah! Ihr seid heute früh dran! Dann macht jetzt mal im Hof ein bisschen Gymnastik!"
Die Gymnastik bestand darin, sich auf den Bauch zu legen und zehn Liegestütze zu machen. Die SS-Leute waren sehr bestimmt und mit Reitpeitschen bewaffnet, niemand konnte sich dieser immensen Anstrengung für unsere armen Körper entziehen.

Unsere Baracke war ein Glücksfall, denn wir arbeiteten fast alle bei der Union. Wir waren etwa siebenhundert Gefangene, bewacht von zwei Blokowas. Die Blokowas waren jüdische Gefangene aus dem Osten. Sie gehörten zu den allerersten Gruppen, die ab 1940 deportiert worden waren, und lebten also schon seit Jahren im Lager. Während dieser ganzen Zeit hatten sie sich in den Augen der SS und der Lagerleitung – der sie direkt unterstellt waren – ausgezeichnet, was ihnen einen privilegierten Status garantierte. Sie waren Frauen Anfang oder Mitte dreißig, aber im Gegensatz zu uns hatten sie Haare und waren sogar geschminkt.

Sie wohnten in einem kleinen Raum am Eingang unserer schrecklichen Baracken. Aus dem geschlossenen Raum, den sie oft mit einer Freundin teilten, roch es nach köstlichem Essen und es gab neckische Vorhänge an der Tür. Damals war ich zu jung und naiv, um zu begreifen, dass es sich meistens nicht um eine bloße Freundschaft handelte.

Die Baracken hatten keine Toiletten, sondern eine einfache Schubkarre, in die man in der Nacht seine Notdurft hätte verrichten können. Ich sage ‚hätte können', weil es nicht ratsam war, dies zu tun, und das habe ich auf die harte Tour erfahren.

„Wo macht man hier denn Pipi?", fragte ich in einer der ersten Nächte.

„Dort, in der Schubkarre, die so erbärmlich ist wie dieser Raum."

Ich bekam die erste Ohrfeige meines Lebens, und so verstand ich, dass es nachts besser war hinauszugehen: Ich pinkelte in den Schnee, wobei ich die umherhuschenden Ratten in Katzengröße nicht beachtete.

Zu Hause hatte ich noch nicht mal eine Maus gesehen, und selbst eine harmlose kleine Spinne reichte aus, um mir Angst zu machen. In diesem Lager lernte ich, mit Ratten und all den Insekten zu leben, von denen es in der Baracke nur so wimmelte. Was war schon eine Ratte oder ein Käfer angesichts des Schreckens des Schornsteins? Ich machte Pipi und ging wieder hinein, in diese schreckliche Kälte.

Unsere Aufseherin bei der Union hieß Maria. Sie war eine deutsche politische Gefangene, mollig, blond, hübsch, und alle wussten, dass sie eine Affäre mit dem Oberkapo der Männer hatte. Das war normal. Bei der Räumung des Lagers brachte man all diese

Frauen auf einem gesonderten Lastwagen weg, der – wenn ich jetzt so darüber nachdenke – entfernt an einen Treck von Prostituierten aus den Western-Filmen erinnerte.

Unsere Aufseherinnen waren schreckliche Frauen, genauso schlimm wie die SS-Leute, aber oftmals schlimmer als ihre männlichen Kollegen. Ich sah, wie sie sogar männliche Gefangene traten. Sie übten absolute Macht über uns aus. Wir fühlten uns wie Sklaven. Und wir waren Sklaven.

Nach dem Krieg wurden einige unserer Aufseherinnen vor Gericht gestellt und sogar zum Tode verurteilt, weil sie dem Verhalten unserer schlimmsten Peiniger in jeder Hinsicht nachgeeifert hatten. In der Regel waren sie gewöhnliche Kriminelle und Mörderinnen. Ich habe sie in Aktion gesehen, doch ich habe sie nie wirklich kennengelernt, auch weil ich ihre Sprache nicht sprach. Meine Freundin Goti Bauer hingegen, die in der Tschechoslowakei geboren worden war, hatte sie tatsächlich etwas besser kennengelernt. Jedes Mal, wenn wir darüber sprechen, überraschen mich ihre Worte voller Menschlichkeit.

„Wer bin ich, dass ich über eine Frau urteile, die so früh ins Lager gekommen ist und f ü n f J a h r e Auschwitz überlebt hat", sagt Goti immer. „Wenn eine Frau ins Lager kam, als es fast noch neu war, wie soll sie dort überleben? Wie macht sie das? Sie wird zu einer anderen, sie kann einfach nicht mehr die sein, die sie vorher war."

Damit hat sie recht. Sobald die Selbsterhaltungsfähigkeit immer wieder bedroht wird, setzt der Überlebenstrieb alles außer Kraft. Und wenn man erst einmal eine bestimmte Schwelle überschritten hat, gibt es kein Zurück mehr: Der Selbsterhaltungstrieb verwandelt sich in einen Gewaltinstinkt.

Auch ich bin auf meine Weise verhärtet und habe diesen Verlust an Menschlichkeit erlitten. Meine Feigheit, mein Nicht-Sehen-Wollen, mein Nicht-Leiden-Wollen oder meine Intoleranz gegenüber weiteren Verlusten waren auch nichts anderes als eine menschliche Verarmung. Der Selbsterhaltungstrieb, der zu einem gewissen Teil diese Formen der Entmenschlichung verursacht hatte, war untrennbar mit der Verarmung verbunden. Man wollte nicht nachdenken, man wollte einen ‚freien Kopf' haben. Ich wollte mich an niemanden binden, ich wollte wegen dieser Dinge nicht mehr leiden, ich litt schon genug für die anderen, und so wurde ich zu einer leeren menschlichen Hülle. Das sind unbewusste und sehr mächtige Überlebensmechanismen.

Es gab auch jene, die gegenüber anderen Gefangenen ihre Macht missbrauchten, und jene, die andere ausraubten, alles nur, um zu überleben. Verrohung fördert Verrohung, und unsere moralische Erniedrigung war Teil des Entmenschlichungsprojekts, das unsere Peiniger an uns durchführten.

So zwangen sie uns aber auch, Konzerte zu hören. Im Lager gab es ein Orchester aus Gefangenen, die besser behandelt wurden, damit sie kräftig blieben. Ich erinnere mich an einen heißen Tag im Jahr 1944. Es muss ein Sonntag gewesen sein, denn wir gingen nicht arbeiten. Stattdessen saßen wir auf dem freien Platz von Birkenau auf der Erde, während die Musiker in großem Stil spielten.

Irgendwann kam ein Mädchen zu uns. „Seid ihr Italienerinnen? Ich bin gerade erst angekommen, ich kenne niemanden!", sagte sie mit starkem römischem Akzent. Sie war ein kräftiges Mädchen, ein bisschen derb, aber sehr schön, die klassische Römerin aus dem Ghetto: mit sehr dunkler Haut- und Haarfarbe. Ihr Name war Graziella Coen. Sie war Analphabetin, die Tochter eines fliegenden Händlers, und wurde später eine gute Freundin von mir, mit der ich viele Erfahrungen im Lager und in Freiheit teilte. Sie war ein knappes Jahr älter als ich, hatte aber noch nicht im Mindesten begriffen, was geschehen war. Ihre große Unwissenheit, die ich auch bei den italienischen Soldaten erlebte, mit denen ich die Zeit nach meiner Befreiung verbrachte, hatte sie daran gehindert, viele Dinge zu verstehen. So war sie in einem gewissen Sinne geschützt worden, obwohl sie viele und grausame Verluste erlebt hatte.

Zwischen Oktober und November 1944, vor Einbruch des Winters, verlegte man uns, die Gruppe der Union, von Birkenau nach Auschwitz, in das Stammlager am Stadtrand. Es kam uns ganz fantastisch vor: Während in Birkenau die Baracken und Latrinen – Bretter mit Lochreihen, auf denen wir alle gleichzeitig und in aller Eile unsere Bedürfnisse verrichten mussten, bevor uns jemand mit Gewalt herunterzerrte – beängstigend waren, würden wir in Auschwitz in gemauerten Steinhäusern mit Toiletten wohnen. Wir waren so sehr an das Schlimmste gewöhnt, dass es uns schien, als lebten wir in Versailles. Doch schon bald offenbarte sich uns die Realität in ihrer ganzen Unbarmherzigkeit.

Zweimal brachte man uns zu Vorführungen von Propagandafilmen, und in beiden Fällen fanden die Vorführungen am Vorabend einer Selektion statt. Ich weiß nicht, ob es einen Zusammenhang zwischen diesen beiden Ereignissen gab, aber ich erinnere mich, dass ich mich das schon damals fragte. Im Grunde hatte alles, was in Auschwitz geschah, immer etwas Krankes, etwas Unheimliches an sich. Ich verfolgte diese Filme ohne Interesse und ohne ein Wort zu verstehen. Ich saß hinten in dem großen Saal, der von der Leinwand beherrscht wurde, und war einfach nur froh, drinnen zu sein. Um in den Kinosaal zu gelangen, mussten wir das Erdgeschoss eines Blocks durchqueren und eine Treppe hinaufsteigen.

Diesen kurzen Weg werde ich nie vergessen, denn als ich den Block durchquerte, sah ich eine Reihe von Käfigen, in denen Frauen eingesperrt waren, die als Versuchskaninchen für wissenschaftliche Experimente missbraucht wurden. Wie in einem Zoo. Dort gab es alles: Frauen so haarig wie Affen, zum Skelett abgemagert, die wie Tiere schrien. Schon damals, als mir klar wurde, was ich da vor mir hatte, sagte ich zu mir: „Nein, ich kann nicht hinsehen. Ich werde nicht hinsehen! Ich kann sowieso nichts dagegen tun."

Zweimal ging ich an diesen Käfigen vorbei. Beim zweiten Mal, als ich wusste, was mich erwartete, wandte ich den Blick ab.

Primo Levi schrieb, dass „unsere Sprache keine Worte hat, um diese Schmach zu äußern, dies Vernichten eines Menschen“[11], und ich fand während des ganzen Jahres, das ich in Auschwitz war, keine Worte, um meine Gefühle des Schmerzes und des Grauens auszudrücken. Das sollte Jahrzehnte dauern. Stattdessen hatte ich einen sehr persönlichen deutschen Sprachschatz, der mich während meiner gesamten Gefangenschaft begleitete. Er bestand nur aus wenigen Wörtern, aber sie sagen vielleicht mehr als viele Reden:

weinen
Angst
Schlag
Schnee
Hunger
Brot
Schmerz
los!
allein
Fünfundsiebzig Einhundertneunzig

10
JE T'ATTENDRAI

Mein Todesmarsch begann um den 20. Januar 1945. Die Deutschen mussten Auschwitz räumen, da die Rote Armee die Ostfront durchbrochen hatte und schnell nach Westen vorrückte. Wir Gefangene, die nichts über die Vorgänge außerhalb des Lagers wussten, entdeckten irgendwann russische Flugzeuge über uns. Und als man uns sagte, dass wir evakuiert würden, begriffen wir, dass Deutschland an dieser Front verlor, denn sonst hätte es keinen Grund gegeben, uns zu verlegen. Die Deutschen entschieden, alle Spuren des Lagers verschwinden zu lassen, also nahmen sie nicht nur alle Dokumente mit, die sie hätten belasten können, sondern sprengten auch bestimmte Gebäude. Wir ließen das Lager hinter uns und nach wenigen Kilometern sahen wir es brennen. Aber sie hatten nicht genügend Zeit, um alle Krematorien in die Luft zu jagen, denn die Russen trafen vorher ein.

So begann eine enorme, tödliche Massenverlegung nach Deutschland, die nur wenige Menschen lebend überstanden. Es war eine geplante Vernichtung, der schwärzeste Moment der Gefangenschaft.

Damals dachte ich, dass ich schon alles gesehen hätte, ich dachte, dass ich mich an das Schlimmste gewöhnt hätte, aber nie zuvor waren wir derartig erniedrigt worden. Wir erleichterten uns am Straßenrand, unsere Gesichter waren rotzverkrustet, wir aßen auf Misthaufen ...

In jenen zeitlosen Tagen kamen wir durch mehrere vom Krieg gezeichnete Dörfer. Wenn wir an einem Menschen vorbeikamen oder jemand aus dem Fenster schaute, riefen unsere Bewacher: „Gebt diesen Leuten nichts, sie haben mehr als ihr!"

Die erste Etappe war die schrecklichste: Wir legten fast siebenhundert Kilometer in den Norden Deutschlands zurück und kamen in das düstere Lager Ravensbrück. Wir blieben zwei Wochen, dort erfuhr ich von der Deportation meiner Großeltern. Ich erinnere mich, dass ich in der Baracke war und ein Mädchen, das auf seinem Bett lag, mich beim Vorbeigehen an der Jacke zog:

„Heißt du Liliana?"

„Ja ..."

„Und wie ist dein Nachname?"

„Segre."

„Wirklich? Ich habe deine Großeltern im Lager von Fossoli kennengelernt."

Ich wusste nicht, was Fossoli war.

„Meine Großeltern? Nein, meine Großeltern sind zu Hause, in Inverigo."

„Nein, nein, man hat sie verhaftet, mitgenommen und deportiert, erst nach Fossoli, dann nach Auschwitz. Und dort sind sie gestorben. Die Wachen haben deinen Großvater geschlagen, weil er ja Parkinson hatte und am ganzen Körper zitterte."

„Was?!? Und woher weißt du, dass sie es waren?"

„Weil sie immer von ihrer Enkelin namens Liliana gesprochen haben, und sie haben mir ein Foto von dir gezeigt. Jetzt hast du mich an dieses Bild erinnert, obwohl du bis auf die Knochen abgemagert bist."

Das hätte ich mir n i e vorstellen können. Ich war überzeugt, dass jenes Dokument, das mein Vater so mühsam und teuer besorgt hatte, meine Großeltern gerettet hätte. Dass sie meinen Großvater, einen Todkranken, in seinem Zustand deportiert hatten, konnte ich nicht glauben. Er war lebend in Auschwitz angekommen, aber dort trennten sie ihn von meiner Großmutter Olga und schickten beide in die Gaskammern. Ihr ganzes Leben lang hatten sie gehofft, gemeinsam zu sterben, wie Philemon und Baucis, aber es war ihnen nicht vergönnt.

In Ravensbrück, wie auch in den anderen Durchgangslagern, in die man uns brachte, arbeiteten wir nicht. Unsere Aufpasser vergaßen uns tagelang und versorgten uns kaum mit Essen. Nur ab und zu gab es saure Wassersuppe, und häufig rissen die stärksten und rücksichtslosesten Gefangenen sie an sich, während die anderen leer ausgingen. Ich erinnere mich an einen Tag, an dem großes Gedränge um den Suppeneimer herrschte. Ich war so hungrig, dass ich zwischen den Beinen der Gefangenen hindurchkroch, um überhaupt an meine Ration zu kommen. Da waren einige russische Frauen – große, starke Frauen – und als eine von ihnen spürte, dass ich zwischen ihren Beinen hindurch wollte, presste sie meinen Kopf mit den Knien wie ein Nussknacker so stark zusammen, dass ich meinen Schädel knacken spürte. Der Schmerz war so heftig, dass ich auf das Essen verzichten musste. Zu der körperlichen Qual gesellte sich das bittere Entsetzen darüber, dass eine andere Gefangene mich verletzt hatte.
Da ich ständig hungrig war, verließ ich in jenen Tagen die Baracken und streifte durch das Lager auf der Suche nach etwas Essbarem. Einmal entdeckte ich eine Tür und hoffte, dass sie zu einem Lagerraum führen würde, der vielleicht unbewacht war. Als ich sie öffnete, bot sich mir ein grauenhafter Anblick: Unzählige Tote waren dort aufgestapelt, noch immer vom Leiden gezeichnet. Entstellte, verdrehte, grünliche, gelbliche Leichen.
So kam es, dass ich im Alter von vierzehn Jahren zum ersten Mal ein Leichenhaus sah.

Von Ravensbrück aus verlegte man uns in ein kleines Außenlager, das Jugendlager[12], in dem wir nur ein paar Tage blieben. Ich wurde immer verwirrter, dünner, verstörter. Die heutigen Jugendlichen, vor allem die jüngeren, fragen mich oft, worüber wir Gefangenen in diesen Stunden zwischen Leben und Tod geredet haben. Viele denken, dass wir hochtrabende, geistreiche Gespräche führten. In Wirklichkeit haben meine Schicksalsgenossen und ich nur über Essen geredet. Wir erfanden sogar Rezepte, in denen wir die unterschiedlichsten Zutaten kombinierten: Auf den Schokoladenkuchen taten wir Schlagsahne und auch noch Baisers. Wir erfanden sehr nahrhafte Gerichte mit viel Butter und Nudeln, deren Farbe und Zusammensetzung sehr verlockend waren.

Und so verließen wir, dürr und nur ernährt von imaginierten Leckerbissen, das Jugendlager und machten uns wieder auf den Weg.

Jeder Schritt bedeutete eine immense Anstrengung, wir waren wandelnde Skelette, und wenn man nicht Schritt halten konnte, riskierte man den Tod. Wir fühlten uns verlassen und sehr einsam, auch wenn wir inmitten von vielen Menschen waren. Ich hatte Blutblasen an den Füßen, die mich wahnsinnig machten. Ich blieb immer in den hinteren Reihen, ich drehte mich nie um, wenn jemand stürzte, sondern ging einfach weiter. Ich setzte einen Fuß vor den anderen. Ich wollte um jeden Preis leben.

In einem der Durchgangslager, traf ich Peppino Levi wieder, jenen jungen Mann, der versucht hatte, meinen Vater zur Flucht aus San Vittore zu überreden. Wie so oft, bevor man uns in ein anderes Lager verlegte, wurden wir desinfiziert. Einige Gefangene in gestreifter Kleidung sprühten Desinfektionsmittel auf unsere nackten und frierenden Körper und spritzten uns anschließend mit einem eiskalten Wasserstrahl ab. Einer von ihnen war Peppino. Ich hatte ihn seit dem Tag nicht mehr gesehen, an dem sie uns in Mailand in verschiedene Waggons gesteckt hatten. Er war nur noch der Schatten des gutaussehenden und lebensfrohen jungen Mannes, an den ich mich erinnerte. Wir erkannten uns, aber wir konnten nicht einmal ein paar Worte wechseln, dazu fehlte uns die Zeit. Ich erfuhr später, dass er in Mauthausen gestorben ist.

Irgendwann verluden sie uns auf einen offenen Güterzug. Es war furchtbar kalt und der Zug fuhr die ganze Nacht hindurch. Die Tatsache, dass wir nicht laufen mussten, war eine große

Erleichterung, doch es war nicht einfach, sich vor dem Frost zu schützen. Wir kauerten uns aneinander und versuchten, so wenig Wärme wie möglich zu verlieren. Am nächsten Morgen waren wir mit einer Eiskruste bedeckt. Viele Menschen sind in dieser Nacht erfroren.

Wir stiegen aus dem Zug und marschierten zu Fuß weiter.

Ich war so schmutzig, dass ich Läuse hatte und unbekannte Eier in den Nähten meiner zerschlissenen Kleidung fand. Ein Insekt hatte mich in meine linke Achselhöhle gestochen, ich weiß nicht, was das war. Ab und zu kratzte ich mich und spürte, wie die Stelle an der Unterseite meines Arms anschwoll und wehtat, aber ich musste weitergehen, und die Wunden an meinen Füßen, die Kälte und die Müdigkeit verwandelten mich in ein schmerzendes Etwas. Ich wiederholte zwanghaft die Worte eines französischen Liedes: *Je t'attendrai*. In Wirklichkeit wartete ich auf nichts, es gab nichts mehr, auf das ich warten konnte. Mein Gehirn war leer, ich war unglaublich hungrig, es schneite sanft, ich war nass und aß etwas Schnee: Ich sammelte ihn dort, wo er noch sauber war und nicht blutbefleckt. Jene, die hinfielen, konnten nicht weitergehen und unsere Bewacher töteten sie mit einem Kopfschuss. In meiner üblichen Feigheit wandte ich mich ab von diesen Toten ohne Grab, die auf der Straße zurückblieben. Ich musste laufen, und ich bin viel gelaufen, ich Arme: Ich wollte nicht sterben.

Meine Achselhöhle quälte mich, die gelbe Pustel schwoll an, und auch eine Lymphdrüse hatte sich verhärtet, aber ich durfte nicht krank sein, und ich begann, meinen Arm so weit wie möglich vom Körper wegzuhalten, immer in der Hoffnung, dass die Infektion von selbst abklingen würde.

Anfang April kamen wir in dem kleinen Lager bei Malchow an. Inzwischen war es Frühling und die Natur blühte trotz der Bosheit der Menschen wieder auf. Drinnen war alles grau – die Gesichter, die Baracken, die Uniformen – aber jenseits der Zäune sahen wir Bäume und grüne Wiesen.

Wir nehmen heute immer alles als selbstverständlich hin, und deshalb bitte ich die jungen Leute, einen Moment innezuhalten und die Schönheit der Natur zu betrachten, die trotz allem, was in der Welt geschieht, immer da ist. Zwar zerreißt die Natur die Erde durch Erdbeben, gleichzeitig lässt sie aber an den Zweigen eines Baums tausende Knospen sprießen. Wir dürfen dieses wunderbare Gleichgewicht von Kraft und Schönheit nicht einfach übergehen, dieses Wunder wiederholt sich Tag für Tag und bestimmt Jahr für Jahr unsere Lebensphasen.

Hinter dem Stacheldraht beobachteten wir die Bäume in der Ferne, deren Zweige immer grüner wurden. Wir hatten nichts anderes zu tun. In Malchow vegetierten wir dahin, ohne zu wissen, was passieren würde. Doch unsere Peiniger änderten ihr Verhalten nicht. Die Zeit des Bösen, des Schmerzes, des Hungers und der Entbehrungen war noch nicht vorbei, aber mittlerweile waren wir gegen dieses Grauen immun.

Es kam mir seltsam vor, trotz dieser körperlich schlechten Verfassung noch am Leben zu sein. Ich hatte keinen Spiegel, aber ich betrachtete meine Arme und Beine, die so erschreckend dünn und schwach waren. Die Schwellung unter meinem Arm war jetzt eine violette Mandarine voller Eiter, mein Kopf brannte, und ich hatte hohes Fieber.

Während der Monate in Auschwitz hatte ich alles getan, um nie ins *Revier*, in die Krankenbaracke, zu müssen, ganz gleich, wie schlecht es mir ging. Der eitrige Abszess drohte jedoch zu platzen, und ich hatte Angst, es nicht zu schaffen. Also ging ich in die Krankenstation. Die genervte Aufseherin sah sich meinen Abszess an und befahl mir streng, stehen zu bleiben und nicht in Ohnmacht zu fallen. Zitternd stand ich da. Sie nahm eine Schere und richtete sie auf den Abszess. Schon schnitt sie ihn auf, drückte ihn aus und verband ihn mit Toilettenpapier, denn uns standen keine richtigen Verbände zu. Als die Operation beendet war, schickte sie mich mit den üblichen Beschimpfungen weg.

Ich war so schwach, so müde und allein, alles tat mir weh. Zurück in der Baracke beachtete mich niemand oder sprach mit mir. Ich

konnte meine Beine kaum bewegen, in meinem Kopf drehte sich alles, ich fand nicht einmal meine Strohmatratze, um mich hinzulegen. Doch da geschah das Wunder! Eine unbekannte Gefangene zog aus einem ausgefransten Beutel ein kleines Stück Karotte und schenkte es mir. Es war ein außergewöhnliches Geschenk: nicht nur, weil im Lager eine Karotte ein Schatz war, sondern weil jemand Mitleid für mich empfand und großzügig war. Ich war so glücklich, dass ich mich nicht traute hineinzubeißen: Ich lutschte an der kleinen Karottenscheibe, damit sie so lange wie möglich hielt.
Inzwischen sind so viele Jahre vergangen, doch dieses Stückchen Karotte taucht immer wieder in meinen Gedanken auf. Unweigerlich vergleiche ich dann meinen damaligen Zustand mit unserem heutigen Leben, mit unserer ständigen, fast orgiastischen Beschäftigung mit Essen. Alle reden vom Essen, Zeitungen, Bücher, Fernsehsendungen: Es ist ein so allgegenwärtiges Dauerthema, dass man den Eindruck bekommt, als kämen wir geradewegs aus dem Krieg, als selbst ein Sack Kartoffeln, abgeladen von einem Lastwagen, eine Hymne auf das Leben war.
Das Essen ist zu etwas Gewöhnlichem, zu etwas Lustvollem geworden, es befriedigt keine Bedürfnisse mehr, sondern schafft sie. Dieses kleine Stückchen Karotte hingegen war für mich ein Moment des wahren Glücks.

11

DIE BEFREIUNG

An manchen Nachmittagen zogen außerhalb des Lagers ein paar Franzosen vorbei. Es waren Kriegsgefangene, eine Kolonne, die von der Arbeit zurückkehrte. Diese jungen Männer waren seit dem Durchbruch der Maginot-Linie dort, also seit fünf Jahren. Sie waren keine Skelette, sondern normale Männer, denn sie bekamen in den Bauernhöfen zu Essen, in denen sich viele von ihnen bei den zahlreichen deutschen Frauen ohne Ehemänner eingenistet hatten. Für uns waren sie der erste wirkliche Kontakt mit der Außenwelt.

Sie erzählten uns, dass der Krieg zu Ende ging und dass die Deutschen verloren hatten.

„Tut alles, um zu überleben! Sterbt jetzt bloß nicht!", wiederholten sie immer wieder, wenn sie am Stacheldraht vorbeikamen. Sie hatten Mitleid mit uns und hielten uns auf dem Laufenden, damit wir Hoffnung schöpften.

„Haltet durch! Nur noch ein paar Tage! Die Russen haben die Ostfront durchbrochen, die Amerikaner die Westfront. Sie werden sich genau hier treffen ... Es dauert nicht mehr lang ..."

Das waren Tage der Freude, aber auch des Schreckens, denn während die Franzosen uns diese Nachrichten überbrachten, transportierten die überaus nervösen Deutschen all ihre Sachen aus dem Lager ab. Wir hatten Angst, dass sie uns umbringen würden.

Am 25. April 1945 trafen, so wie die Franzosen es uns angekündigt hatten, amerikanische und russische Einheiten in Ludwigslust zusammen, einer kleinen Stadt etwa siebzig Kilometer von Malchow entfernt.
Die Nazis töteten uns nicht, aber sie trieben uns ein weiteres Mal aus dem Lager, wie in Auschwitz. Mit dem Unterschied, dass aus Auschwitz, wie ich später erfahren sollte, etwa 58.000 Gefangene aufgebrochen waren, während es in Malchow nicht mehr als dreihundert waren. Unter uns Überlebenden befanden sich mindestens sechzig sterbende Gefangene. Sie waren so erschöpft, dass die SS-Leute sie nicht auf den Marsch schickten. Sie ließen sie einfach im Lager zum Sterben zurück.
An einem der letzten Apriltage verließen wir Malchow und fragten uns: „Was nun? Wie lange halten wir noch durch? Wir können nicht mehr ..." Doch der Wunsch, durch dieses Tor hinauszugehen, brachte uns wieder auf die Beine, und als wir draußen waren, liefen wir irgendwie weiter. Wir schleppten uns vorwärts, ich weiß nicht mehr, ob es ein halber Tag, ein ganzer oder zwei Tage waren. Auf der Straße wuchs Gras, und wir bückten uns mühsam, rupften es ab und steckten es uns in den Mund, aber wir hatten nicht einmal die Kraft, es zu kauen.
Schließlich stießen wir auf ein totes Pferd. „Mädels, das ist Fleisch!", sagte eine von uns, und so stürzten wir uns wie Wölfe auf den Kadaver. Wir hoben den Schenkel des Tieres an, das kurz zuvor verendet sein musste, und bissen hinein, und endlich spürte wir, wie eine gewaltige Kraft uns durchströmte. Es war eine grausige Szene, doch in dem Moment war es mir gleich: Ich war so hungrig, dass mich nichts und niemand davon hätte abhalten können.
Die Deutschen ließen uns gewähren, inzwischen waren auch sie auf der Flucht.
Es war der 1. Mai, und wir marschierten unter furchtbaren Bedingungen. Viele von uns hatten noch Pferdeblut an Mund und Händen. Als wir durch ein Dorf kamen, sahen wir zum ersten Mal, dass sich die Haustüren öffneten. Auf dem langen Weg von Auschwitz nach Ravensbrück, als wir durch die Straßen der

Dörfer gelaufen waren, hatten uns die Deutschen gemieden. Sie hatten sich in ihren Häusern verbarrikadiert und Türen und Fenster geschlossen gehalten. Jetzt hingegen luden die Dorfbewohner so viel, wie sie konnten, auf Karren und schlossen sich uns an. Die gesamte Gegend drohte, unter russische Kontrolle zu geraten, und die Menschen flüchteten in Panik. Selbst die Soldaten ließen aus Angst ihre Waffen, Uniformen und Hunde zurück. Die SS-Leute trugen nur noch Unterwäsche und suchten nach Zivilkleidung.

Wir waren auf diesen Rückzug nicht vorbereitet, selbst wenn die Franzosen uns gesagt hatten, dass die Niederlage der Deutschen unmittelbar bevorstand. Die Gefühle überwältigten uns.

„Oh Gott, was passiert hier?“, fragten wir uns. „Was müssen wir noch sehen? Sie gehen einfach nach Hause!“ Es waren dieselben Menschen, die Jahre später behaupten würden, sie hätten nichts von den Ereignissen gewusst. Diese Menschen kehrten nach Hause zurück und umarmten ihre Kinder, nachdem sie anderthalb Millionen von uns getötet hatten.

Ich erinnere mich, wie der Lagerleiter seine Pistole fallen ließ. Er war ein grausamer Mann, der die gefangenen Frauen brutal schlug. In diesem Moment hätte ein Teil von mir die Waffe aufheben und ihn töten wollen. Es war ein schwindelerregender Augenblick, in dem es mir vorkam, als wären die Rollen vertauscht: Ich war stark und er schwach. Ich schaute auf die Waffe am Boden, wollte schon danach greifen, überzeugt, dass ich ihn erschießen könnte, überzeugt, dass ich dazu fähig wäre. Die Rache schien in greifbarer Nähe.

Doch da begriff ich, dass ich es niemals tun könnte, dass ich niemals in der Lage sein würde, jemanden zu töten. Dieser außergewöhnliche Moment offenbarte den Unterschied zwischen mir und meinem Mörder. Und von da an war ich frei. Wirklich frei, denn ich war mir sicher, dass ich nicht wie er war, dass ich etwas anderes war: Von meiner Familie hatte ich ein anderes Ethos gelernt, ein Ethos des Respekts, eine Kultur des Lebens, nicht des Todes. Soll er doch nach Hause gehen, aber mögen seine Nächte schrecklich und von den Geistern seiner Mordopfer bevölkert sein.

Aufgrund des Vormarschs der Roten Armee begannen im Januar 1945 die Todesmärsche, extrem harte Zwangstransporte der überlebenden Gefangenen in den Westen. Eines der ersten Lager, das die Nazis räumten, war Auschwitz-Birkenau: Von den 58.000 Gefangenen, die das Lager verließen, starben etwa 15.000.

An jenem 1. Mai begegneten wir auf der Straße den Amerikanern. Zuerst wussten wir nicht einmal, wer sie waren, aber wir sahen diese lächelnden, fröhlichen, schönen, braungebrannten Gesichter. Sie warfen den Menschen Essen zu und unterschieden dabei nicht zwischen uns Gefangenen und den Deutschen, ganz gleich, ob diese Zivilisten oder Soldaten waren. Schokoladentafeln und Zigaretten regneten auf uns herab. Ich erinnere mich, dass ich nur eine einzige getrocknete Aprikose aufheben konnte, weil ich zu ungeschickt war, mich vorzudrängeln, was ich im Grunde heute noch bin. Seitdem sage ich immer, dass Aprikosen nach Freiheit schmecken.

Wir waren am Ende unserer Kräfte, ein paar Tage länger und niemand von uns hätte überlebt. Ich wusste nicht einmal, wo ich war. Hätte man mir in diesem Moment eine Karte gegeben und gesagt: „Zeig mal, wo du bist", hätte ich geantwortet: „Ich habe nicht die geringste Ahnung." Ich wusste ja nicht einmal, wo Auschwitz lag. Aber vor allem habe ich mich gefragt: „Und jetzt? Was soll ich jetzt tun? Klar, ich bin frei, aber … wohin soll ich gehen?"

Ich war vierzehneinhalb und wog zweiunddreißig Kilo. Seit meiner Verhaftung waren ein Jahr und vier Monate vergangen, und meinen Vater hatte ich seit fast einem Jahr und drei Monaten nicht mehr gesehen. Während der ersten Tage in Auschwitz war meine Hoffnung auf ein Wiedersehen mit ihm sehr groß gewesen, und ich hatte alles getan, um etwas über ihn zu erfahren. Doch mit der Zeit, als ich die Abläufe im Lager und die Bedingungen der Gefangenschaft besser verstand, begriff ich, dass ich ihn nie wieder sehen würde. Allerdings konnte ich sein Verschwinden nie akzeptieren. Ein tiefes Gefühl der Einsamkeit breitete sich in mir aus und ich weigerte mich, offen für andere Menschen zu sein. Erst viele Jahre später wurde ich wieder zu einer Frau, die jemand anderen liebgewinnen konnte.

Ich hatte nichts mehr, n i c h t s. Und niemanden.

Die Amerikaner hatten uns zwar befreit, doch auf dieser Landstraße fühlte ich mich einfach nur einsam. Ich sah mich um, in der Hoffnung, eine Mitgefangene zu finden, und an der Tür eines Bauernhauses entdeckte ich ein polnisches Mädchen, das ich im Lager gesehen hatte. Ich wusste nicht einmal ihren Namen, aber ich konnte ein paar Worte Polnisch und fragte sie, ob sie die französischen Mädchen gesehen hätte.

„Die sind da", antwortete sie und deutete auf einen Bauernhof, der gerade von seinen Besitzern verlassen worden war. Ich trat in das Haus und fand dort die französischen Kriegsgefangenen, dieselben Jungs, die uns in Malchow Mut gemacht hatten, als wir dort

inhaftiert waren. Sie waren zu fünft oder sechst und begrüßten mich freudig.
Bei ihnen fand ich auch die französischen Frauen, mit denen ich in Auschwitz gewesen war und die ich während des Todesmarschs aus den Augen verloren hatte. Vor allem Renée. Sie war so kurzsichtig, dass sie während ihrer Gefangenschaft gezwungen war, jemanden, vielleicht eine Blokowa, um eine Brille zu bitten, und seltsamerweise hatte sie eine bekommen. Renée erzählte mir immer nur von ihren Verehrern, obwohl ich gar nicht mitreden konnte: Ich war noch völlig unschuldig, noch vollkommen arglos. Nachdem ich sie wiedergefunden hatte, sagte sie als erstes zu mir: „Ah! Jetzt können wir uns einen Freund suchen!"
Wir waren nur noch Haut und Knochen, knapp dem Tod entronnen, und sie dachte schon wieder ans Turteln.
„Einen Freund? Und wo sollen wir den finden?", fragte ich sie verwundert.
„Na wo schon? Unter all diesen Soldaten!"
Ich musste lachen, aber diese Antwort machte mir etwas klar: Wir konnten bleiben. Bei diesen Leuten waren wir sicher.
Es war ein fantastischer Abend, die französischen Soldaten spielten, tanzten und fütterten uns mit Sardinen auf Brot. Der Anblick einer in Öl getränkten Scheibe Brot war für mich fast ein Schock. Ich fühlte mich wie ein Kind, das in seinem Zimmer ein riesiges, neues, unerwartetes Spielzeug vorfindet.
„Iss, so viel du willst", forderte mich ein Soldat auf, der sah, wie mager ich war. Ich biss zweimal ab, dann konnte ich nicht mehr. Zum Glück! Denn gleich nach der Befreiung starben viele Menschen, weil sie alles in sich hineinstopften. Unsere Mägen hatten zu lange nichts bekommen, sie waren nicht mehr an Nahrung gewöhnt.
Es war heiß und wir waren schmutzig, also wusch ich mich an einer Wasserpumpe. Spät in der Nacht legten Renée und ich uns auf Strohsäcken schlafen. Als ich am nächsten Morgen erwachte, stellte ich fest, dass zwischen uns ein Soldat lag. Während ich selig schlief, hatte Renée die verlorene Zeit wieder aufgeholt.

Was für ein großartiges Mädchen! Sie und ihre Besessenheit für *le fiancé*!

Am nächsten Tag bestand unsere Gruppe im Bauernhaus aus zweiundzwanzig Personen. Unter den französischen Soldaten war auch ein Offizier, der die Kontrolle übernahm: Die Vorräte würden bald zur Neige gehen, und jemand musste für Nahrung sorgen. Daher schlug der Offizier in aller Ruhe vor: „Wir gehen zum Bürgermeister des Dorfes und sagen ihm, er soll uns mit Lebensmitteln versorgen."

Ich konnte es nicht glauben, ich hatte mit eigenen Augen gesehen, wie die Deutschen aus ihren Häusern geflüchtet waren. Ich fragte ihn: „Was? Der Bürgermeister ist noch da?"

„Ja", antwortete der Offizier. „Er ist nicht geflohen. Er ist ein widerlicher Mann, und jetzt werden wir ihn zwingen, zweiundzwanzig Menschen etwas zu essen zu geben."

Ich hatte Angst, doch um nichts in der Welt hätte ich mir dieses Abenteuer entgehen lassen. Also schloss ich mich diesen starken Jungs an, die alles überstanden hatten, und gemeinsam gingen wir zum Haus des Bürgermeisters.

Es muss acht Uhr morgens gewesen sein, und der französische Offizier wandte sich auf Deutsch an ihn: „Wir sind zweiundzwanzig, und am Mittag werden wir zum Essen wieder hier sein. Wir wollen Wurst mit Sauerkraut und reichlich Kartoffeln."

„Haut ab!", drohte der Bürgermeister ihm wütend. „Ich hab kein Essen für all diese Leute!"

Der Franzose rührte sich nicht. „Doch, ich weiß, dass Sie etwas zu essen haben", antwortete er. „Wir sehen uns um Punkt zwölf Uhr. Wir sind zweiundzwanzig."

Und um zwölf Uhr waren wir wieder da. Wir setzten uns auf lange Bänke, während der Bürgermeister, seine Frau und ihre beiden Kinder – ein Mädchen und ein Junge – uns etwas zu essen brachten. Der Junge war schön und ängstlich, wie seine Mutter.

„Was kann der Junge dafür, dass er der Sohn dieser Leute ist?", fragte ich mich. „Seine Leute haben so viele Kinder getötet, aber er hat Angst vor uns, obwohl wir niemals jemandem etwas antun könnten.“ Innerhalb von vierundzwanzig Stunden hatte sich das Blatt gewendet. Wir baten die Leute um Kleidung und ich befreite mich von meinen alten Lumpen und bekam eine Männerhose und ein Hemd.

Am Nachmittag machten wir uns auf die Suche nach einem Transportmittel, um Malchow zu verlassen. Wir wollten nach Ludwigslust zum Hauptquartier des amerikanischen Kommandos. „Aber zuerst“, sagte der Offizier, „müssen wir ein paar Eimer besorgen und Milch holen.“

Malchow war ein Dorf auf dem Land, und die Bauern brachten die Milch zu einer Molkerei, wo sie zu Butter und Käse verarbeitet wurde. Da die meisten von ihnen geflohen waren, musste es irgendwo literweise unbeaufsichtigte Milch geben, die in kürzester Zeit sauer werden würde. Die Franzosen, die jahrelang auf den Bauernhöfen der Gegend gearbeitet hatten, wussten sehr genau, wo diese Milch zu finden war.

Ich hatte schon lange keine Milch mehr gesehen, und plötzlich vor diesen weißen Becken zu stehen, war ein Traum. Wir stürzten uns auf die Milch, einige steckten die Köpfe hinein: Es war köstlich. Die Franzosen füllten die Eimer und nahmen sie mit.

In der Molkerei fanden wir eine motorisierte Straßenwalze mit einem großen Anhänger. Mit diesem seltsamen Gefährt machten wir uns auf den Weg, alle zweiundzwanzig. Und so begann unsere gemächliche Reise nach Ludwigslust, so gemächlich wie eine Dampfwalze eben fahren kann.

Unterwegs sah ich die Rote Armee vorrücken: Es war ein unglaublicher Anblick. Selbst jene, die den Krieg nicht erlebt haben, wissen, wie die Amerikaner waren, die sich selbst in der Realität kaum von den Scharen der perfekten, lächelnden Film-Soldaten unterschieden. Die Russen hingegen waren ein bunter Haufen von Tscherkessen, berittenen Mongolen, Ziegen, Soldaten in Pelzmänteln oder mit nacktem Oberkörper, die Leute saßen dichtgedrängt auf Panzern, über ihren Feldküchen wehte die rote Flagge.

Im Gegensatz zu den Amerikanern, die den Menschen, denen sie begegneten, alles gaben, n a h m e n sich die Russen alles, von den Frauen bis zum Essen. Deshalb flüchteten alle, die konnten, in die amerikanische Zone.

Nach einem Tag erreichten wir die Kommandantur in Ludwigslust. Die Amerikaner hatten ein Feldlazarett und eine Küche eingerichtet, in denen man rund um die Uhr Hilfe bekam. Nachdem sie unsere Personalien aufgenommen hatten, sortierten sie uns nach Nationalität. Ich blieb zunächst bei den Franzosen und wollte mich eigentlich nicht von ihnen trennen, weil sie so nett waren. Doch ich änderte meine Meinung, denn es war sinnvoller, mich einer Gruppe meiner Landsleute anzuschließen.
Ich stellte mich einem ziemlich alten, sehr höflichen italienischen Offizier vor. Ihm erzählte ich, wer ich war und dass ich mit einer anderen Italienerin, Graziella Coen, da war, die ich zufällig im amerikanischen Quartier wieder getroffen hatte. Er begrüßte uns höflich und wies zwei sehr nette Soldaten an, im Schlafzelt einen ‚kleinen Bereich' mit Decken nur für uns beide abzutrennen, damit wir von den Soldaten nicht belästigt würden. Die aber verhielten sich immer tadellos und waren uns gegenüber so herzlich wie Brüder.
Im amerikanischen Quartier lernte ich zudem noch einen Signore in den Vierzigern kennen, der Aufseher auf der Pferderennbahn von San Siro gewesen war und meinen Vater und meinen Onkel aus jener Zeit kannte, als sie ihren Rennstall noch hatten. Als ich ihm sagte, dass mein Name Liliana Segre sei, erinnerte er sich sofort an mich und meine Familie. Es war sehr schön zu erleben, dass jemand etwas über meine Vergangenheit wusste, aber er begriff sehr schnell, dass ich nicht an diese glücklichen Zeiten erinnert werden wollte – und das schätzte ich sehr.
Mein Abszess war immer noch nicht verheilt, und so nahmen die Amerikaner mich im Lazarett auf, wo sie mich drei Tage lang behielten und mit Penicillin behandelten. An meinem Arm klaffte eine so beeindruckende Wunde, dass sie sie

fotografierten. Bei einem geschwächten Körper wie dem meinen wirkte ein Antibiotikum wie Penicillin schnell und ich wurde rasch wieder gesund. Als ich Jahre später die Walt-Disney-Naturdokumentationen sah, in denen sich Blumen in großer Geschwindigkeit öffnen, musste ich an meine heilende Wunde denken und an diese schnelle Heilung, die mir wie ein Wunder vorkam.

12
RÜCKKEHR NACH HAUSE

Zusammen mit den Italienern brachte man mich auf einem Lastwagen in eine benachbarte Gegend. Dort hatten die Amerikaner fünf Dörfer geräumt, um die vielen italienischen Kriegsgefangenen unterbringen zu können. Etwa 600.000 italienische Soldaten hatten sich nicht der Repubblica di Salò angeschlossen und waren deshalb deportiert worden. Unter diesen 600.000 Antifaschisten war auch Alfredo, mein zukünftiger Ehemann. Er war 1943 in Griechenland verhaftet worden und hatte eine lange Gefangenschaft in sieben verschiedenen Lagern hinter sich. Auch er war damals, Ende April, befreit worden, und es war nur ein Zufall, dass wir uns in den Wirren jener Wochen nicht begegneten, denn wir machten – wie wir später rekonstruiert haben – auf unserer Rückreise nach Italien am selben Tag in Pescantina Station.
Ich wurde in Obermarschacht, einem Dorf an der Elbe, einquartiert. Dort erlebte ich eine monatelange Atempause, meine so überaus wichtige Atempause. Als ich *Atempause*[13] las, sagte ich mir: „Niemand außer Primo Levi hätte sich diesen Titel ausdenken können.“ Nur er konnte all die Nuancen erfassen, die sich in diesem scheinbar so beruhigenden Begriff verbergen. Es war eine sehr bedeutsame Zeit für mich, und ich glaube, dass niemand die Gefühle, die ich in diesen Monaten empfand, verstehen und teilen kann, nicht einmal jene, die die gleichen Erfahrungen gemacht haben wie ich: Alle, die das Lager verlassen hatten,

erlebten jeweils völlig andere Geschichten. Diese Wochen waren hauptsächlich der körperlichen Wiederherstellung gewidmet. Meine Achselhöhle heilte vollständig ab und meine Periode kam zurück. Ein weiterer Schritt in Richtung Normalität, denn es war seltsam, eine Frau zu sein und nicht zu menstruieren. Im Lager hatte keine Gefangene ihre Periode, wir waren zu entkräftet und möglicherweise haben sie uns Bismut in die Suppe getan.

Obermarschacht war ein wunderschöner Ort in einer üppigen Landschaft. Ich verbrachte Zeit mit Graziella Coen und schlief viel. Stundenlang lag ich in einem riesigen Obstgarten. Ich streckte die Hand aus und pflückte einen Apfel, ging ein Stück weiter und pflückte Himbeeren. Ich aß den g a n z e n Tag und nahm schwindelerregend schnell zu. In der Zwischenzeit wartete ich auf meine Heimkehr.

Im Dorf waren nur Italiener. Die Soldaten spielten Fußball und lebten fröhlich zusammen. Sie taten alles Mögliche, um Essen zu besorgen, obwohl die Amerikaner uns ausreichend versorgten. Nachts gingen sie zum Beispiel ans Elbufer und stahlen ein Kalb. Unter ihnen waren Metzger, Bäcker, Handwerker aller Art, die alles Mögliche konnten. Es waren sehr gute, sehr großzügige, sehr ungebildete Jungs. Ich habe für sie viele Briefe an ihre Freundinnen und Familien geschrieben, denn sie waren fast alle Analphabeten. Obwohl ich nur die siebte Klasse besucht hatte, hielten sie mich für gebildet. Sie ließen mich Dinge schreiben, die ich nicht verstand: „Ich hoffe, du bist mir treu geblieben …“, oder „Du bist bestimmt mit jemand anderem gegangen …“. Ich wusste nicht, was das alles bedeuten sollte, und ich bin überzeugt, dass viele Soldaten – obwohl sie mich immer freundlich behandelten und mich nicht einmal anfassten – sich mit Witzen und Doppeldeutigkeiten über mich lustig machten, die ich nicht verstand. Außerdem waren es, so erwachsen sie mir auch vorkamen, alles nur junge Männer unter dreißig.

Mit Menschen, die so anders waren als ich, konnte ich keine wirklichen Freundschaften schließen, ganz gleich, wie nett und freundlich sie waren. Außerdem blieb ich aufgrund meiner Naivität vollkommen unwissend. Ich habe zum Beispiel nie verstanden, warum dieselben Soldaten, die weder mich noch Graziella je um Hausarbeit gebeten hatten, von vier neu angekommenen slawischen Mädchen (ehemalige Arbeiterinnen der Organisation Todt, die die Straßen und Brücken des Reichs gebaut hatte) verlangten, dass sie sich um die Hausarbeit kümmerten. Erst viel später begriff ich, dass diese Frauen allen Soldaten gefügig gewesen waren.

Als sie uns schließlich sagten, dass wir zurückkehren konnten, waren vier Monate vergangen: Mai, Juni, Juli, August. Der ganze Sommer. Sie gaben uns vorgedruckte Postkarten vom Roten Kreuz, auf die wir nur unsere Adresse, unsere Unterschrift und das Datum schreiben mussten. Die Karten waren in drei Sprachen bedruckt (aber nicht auf Italienisch) und besagten mehr oder weniger: „Ich lebe und ich komme demnächst zurück."

Einem guten Dutzend Leuten half ich beim Ausfüllen, aber als ich an der Reihe war, fragte ich mich: „An wen soll ich die Karte schicken?"

Ich überlegte, sie an die Vermieter in Inverigo zu adressieren, wohin wir mit meinen Großeltern evakuiert worden waren. Sie waren keine Juden und hatten auch nicht fliehen müssen. Außerdem hatte ich meine Sachen bei ihnen gelassen. Das tat ich dann. Ich schickte sie an „Ester Corti, Inverigo", und diese Karte kam an.

Zwei Monate vor meiner Rückkehr erzählte Signora Corti Onkel Amedeo und Susanna von meiner Nachricht. Unser heldenhaftes Dienstmädchen wohnte nämlich immer noch dort, weil mein Vater die Miete für einen langen Zeitraum im Voraus bezahlt hatte. Als sie hörten, dass ich am Leben war, waren alle fassungslos. Doch wann würde ich zurückkommen? Das wusste niemand. Auch ich wusste nicht, wie lange ich für meine Rückkehr brauchen würde.

Wir fuhren in einem Militärzug mit offenen Türen. Es war Ende August und Graziella und ich waren die einzigen Frauen im

ganzen Waggon. Sogar dort teilten die Soldaten uns ein Eckchen mit Decken ab, um unsere Privatsphäre zu wahren. Zu diesem Zeitpunkt waren wir keine Skelette mehr, wir waren sogar dick, aber wir hatten etwas Wildes, etwas Herzzerreißendes, etwas anderes an uns. Vielleicht haben die Jungs deshalb keine Annäherungsversuche unternommen. Sie sangen und freuten sich, während sie die Beine aus dem fahrenden Zug baumeln ließen.
Auf unserem Weg nach Italien durchquerten wir Deutschland. Für diejenigen, die diese Reise in entgegengesetzter Richtung gemacht hatten, war es eine ganz besondere Erfahrung, etwas Unvorstellbares. Es überstieg all unsere Hoffnungen.
Ich dachte darüber nach, was ich tun könnte, wenn ich niemanden antreffen würde, und ich stellte mir verschiedene Möglichkeiten vor. Die erste war natürlich, nach Inverigo zu den Corti zurückzukehren, wo ich in dem von Papà gemieteten Haus wohnen könnte, allerdings wusste ich nicht, wie lange das noch möglich war. Das Gefühl, gar nichts zu haben, beherrschte mich sehr.
Als der Zug in Bozen ankam, jubelten alle. Wir waren wieder in Italien! Die Soldaten, die seit Jahren von zu Hause weg waren, freuten sich unbändig, Graziella und ich hingegen waren ziemlich verunsichert.
„Was machen wir jetzt?"
„Tja, ich weiß nicht ... wir werden sehen!"
Nach allem, was wir durchgemacht hatten, schien es schon viel, wieder in Italien zu sein und Italienisch zu sprechen, und wir waren überzeugt, dass sich alles auf die eine oder andere Art entwickeln würde.

In Bozen stiegen wir alle aus dem Zug und standen gleich darauf vor einem Schild: „Wer niemanden antreffen sollte und nirgendwohin kann, holt sich hier einen Gutschein für eine Reise nach Bozen von jedem italienischen Ort. Hier bekommen Sie sechs Monate lang Kost und Logis und können im Gegenzug als Tellerwäscher, Küchenjunge usw. arbeiten."

Ich meldete mich sofort für den Gutschein an, Graziella nicht: „Ich komme nicht nach Bozen zurück. Ich gehe nach Rom." Sie dachte nicht einmal darüber nach, sie hatte das Gefühl, noch immer im Ausland zu sein. Graziella wusste, dass ihr Vater, ihre Mutter und ihre sechs Schwestern gleich nach ihrer Ankunft in Auschwitz gestorben waren. Es gab nur eine Schwester, von der sie hoffte, sie wiederzufinden, da sie am Tag der Verhaftung nicht zu Hause gewesen war und sich retten konnte. Ich sagte mir: „Wenn ich niemanden antreffe, kehre ich für sechs Monate hierher zurück … irgendetwas wird sich schon ergeben." Nachdem ich in einer grausamen Welt, die mich töten wollte – und es nur durch Zufall nicht geschafft hatte – die absolute physische und psychische Einsamkeit erfahren hatte, fühlte ich mich vollkommen unabhängig. Ich konnte auf mich selbst aufpassen: Warum sollte das jemand anders tun? Ich war es gewohnt, allein zurechtzukommen, und eine Rückkehr nach Bozen erschreckte mich nicht. Zum Glück kam es jedoch nicht dazu.
Wir fuhren mit dem Zug weiter und kamen in Pescantina an, in der Provinz Verona, wo die Bewohner uns Pfirsiche schenkten. Hier waren die Gleise bombardiert worden, so dass wir unsere Reise auf Lastwagen fortsetzen mussten. Und auf einem dieser großen Lastwagen mit Anhänger gelangten wir endlich nach Mailand. Graziella sagte zu mir: „Ich bleibe erstmal bei dir. Nach Rom fahre ich später. Vielleicht …"
Sie stieg mit mir am Nordbahnhof aus. Wir waren schmutzig und heruntergekommen, unsere Haare in Unordnung. Mein Zuhause auf dem Corso Magenta war nur ein paar Schritte entfernt. Vor dem Krieg war ich immer die Via Carducci entlanggegangen, um im Park zu spielen. Ich erkannte diese Orte wieder, obwohl der Bahnhof zerbombt war. Die Stadt lebte, denn es waren viele Menschen unterwegs.
Mailand war am 25. April befreit worden, und es war bereits Ende August. Plötzlich fühlte ich mich unglaublich fremd und dachte: ‚Das bin ich, hier in Mailand … Ich bin diese Straße schon hunderttausendmal entlanggegangen!' Ein Signore, der uns für

fremd hielt, gab uns ein Almosen und schenkte uns sogar ein Glas Marmelade. Wir bettelten nicht, aber wir waren auch nicht beleidigt und bedankten uns überschwänglich.
Vor dem Krieg hatte mein Vater mir beigebracht, einer alten Frau, die immer vor der Kirche Santa Maria delle Grazie stand, jedes Mal ein Almosen zu geben. „Denk daran", sagte er mir, „das Almosen ist eine sehr schöne Sache für den Gebenden und den Empfänger, vor allem aber für den Gebenden." Niemals hätte ich mir vorstellen können, dass ich, die feine Signorina, eines Tages selbst ein Almosen bekommen würde: einen Zwei-Lire-Schein.
Ich glaubte, dass ich im Haus auf dem Corso Magenta niemanden antreffen würde, denn die Wohnung gehörte uns ja nicht. Wir wohnten zur Miete, wie die meisten Juden. Erst d a n a c h sollte bei den jüdischen Familien der Wunsch nach Wohneigentum aufkommen.
Als wir bei der Nummer 55 ankamen, spielte sich jedoch eine Szene wie im Film ab. Mein Vater und meine Großeltern waren sehr großzügige Menschen gewesen: Sie hatten dem Portier immer ein gutes Trinkgeld gegeben, viel mehr als die anderen Mieter. Außerdem waren sie mit den Bediensteten viel demokratischer umgegangen als die meisten Leute. Daher war der Portier meiner Familie sehr verbunden.
Als Graziella und ich die Eingangshalle betraten, stürzte der Portier auf uns zu.
„Zigeuner sind hier nicht erlaubt", rief er.
„Antonio!", erwiderte ich. „Ich bin Liliana ... Liliana Segre."
Er wurde mit einem Schlag kreideweiß, als hätte er einen Geist gesehen.
„Was? Das ist doch nicht möglich!" Er rannte in den Hof und brüllte: „Liliana Segre ist wieder da!!!"
Er schrie so laut, dass es uns fast Angst machte. Alle Leute im Haus, auch die, die uns nie gegrüßt hatten, und jene, die immer sehr freundlich zu uns gewesen waren (wenn auch mit Vorbehalt), kamen herunter, um mich zu begrüßen. Sie stritten sich fast darum, mich bei sich aufzunehmen.

„Sie muss bei mir wohnen!“
„Nein, bei mir!“
Meine Fenster jedoch blieben verschlossen. Unsere Wohnung war bereits an fremde Leute vermietet worden, die aber noch nicht eingezogen waren.
Antonio erzählte, dass Onkel Amedeo mehrmals vorbeigekommen war und nach mir gefragt hatte, seit er von meiner Postkarte erfahren hatte. Er wohnte immer noch in der Nähe, in der Via Morozzo della Rocca. Antonio rief ihn sofort an.
In der Zwischenzeit nahmen Graziella und ich die Einladung der Familie Gatta an. Ich kannte sie gut, denn sie hatten zwei Töchter in meinem Alter, mit denen ich als Kind oft gespielt hatte. Wir nahmen ein Bad und bekamen neue Kleider. Ich glaube, es waren die Kleider der Mutter, denn wir waren beide zu dick für die Kleider der Mädchen. Und dorthin, in die Wohnung der Gatta, kamen meine Tante und mein Onkel.
Die Begegnung mit meiner Tante, meinem Onkel und meinen Großeltern war schrecklich: Als sie mich umarmten – zuerst mein Onkel und meine Tante, dann meine Großeltern mütterlicherseits, die später dazukamen – war ich wie v e r s t e i n e r t . Weil ich sie liebte, war ich glücklich, sie zu sehen, aber meine e i g e n e Familie, meine heiligen Märtyrer, waren nicht zurückgekehrt. Es war ein schrecklicher Moment: Es war mir egal, dass sie sich gerettet hatten, denn die Trauer um meinen Vater und um meinen Großvater Pippo war zu groß.
Diese Begegnung war der Beginn von drei tragischen Jahren in meinem Leben. ‚Tragisch‘: ein Wort, das ich nie verwende, nicht einmal, wenn ich vom Lager erzähle.

13
MEIN NEUES LEBEN

Ich zog bei meiner Tante und meinem Onkel in der Via Morozzo della Rocca ein. Es war eine kleine Wohnung, in der ich kein eigenes Zimmer hatte. Ich schlief im Wohnzimmer und fühlte mich wie eine Fremde. Dort litt ich unter einer Einsamkeit, die mir – trotz der neugewonnenen Normalität – hoffnungslos erschien. Nichts war so, wie ich es mir gewünscht und vorgestellt hatte ... Was immer man mir auch sagte, in meinen Ohren klang es falsch. Was immer auch um mich herum geschah, es kam mir falsch vor. Alles war falsch.

Kaum jemand fragte mich, was ich erlebt hatte, und ich merkte bald, dass man mir gar nicht zuhören wollte. Sobald meine Großmutter mich sah, gleich am Tag meiner Rückkehr, fragte sie mich, ob ich noch Jungfrau sei. Ich war zutiefst beleidigt und habe ihr das nie verziehen, so sehr ich sie auch liebte. Ich hatte tausend körperliche und seelische Misshandlungen ertragen – Schläge, Kälte, Hunger – und zu erfahren, dass die größte Sorge der Frau, die ich immer als eine Inspiration betrachtet hatte, meine Jungfräulichkeit war, enttäuschte mich zutiefst. Für sie war nur wichtig, dass ich nicht vergewaltigt worden war, dass ich – nach den herrschenden Konventionen – noch ‚gesellschaftsfähig' war. Ich war damals so naiv, dass ich nicht einmal wusste, was eine Vergewaltigung ist.

Um sicherzugehen, dass ich noch ‚intakt' war, ließen sie mich sogar untersuchen. Ich war so fassungslos über ihre Beharrlichkeit, dass ich nicht wusste, wie ich reagieren sollte. Also wehrte ich mich nicht und schwieg. Über den Abszess, der mich fast umgebracht hätte, durfte ich nicht sprechen, sie wollten nur sichergehen, dass ich nicht vergewaltigt worden war, denn dann könnte ich mich als ‚Signorina Segre' vorstellen. Aber ich war nicht mehr ‚Signorina Segre'! Ich war ein anderer Mensch und nicht mehr die, die sie früher gekannt hatten.

Es gab nur einen Gedanken, der mich nie verlassen hatte: der an meinen Vater. Obwohl ich wenig Hoffnung hatte, ihn jemals wiederzusehen, und ich nicht wusste, wen ich fragen sollte, fand ich mich nicht damit ab und wollte unbedingt etwas über ihn erfahren.

Kurz nach meiner Rückkehr kam mein Onkel Dario Foligno, ein Bruder meiner Mutter, nach Mailand. Er lebte in Rom und bot mir seine Hilfe an. Onkel Dario war ein ganz besonderer Mensch: Er war 1933 zum katholischen Glauben übergetreten, nachdem er *De civitate dei* (*Vom Gottesstaat*) des heiligen Augustinus gelesen hatte, und arbeitete als Anwalt an der Sacra Rota, der obersten Gerichtsbehörde der katholischen Kirche.

Er und seine Familie waren bei der Razzia am 16. Oktober 1943 verhaftet worden. Nachdem er mit seiner Frau Elisa und ihren drei Kindern in die Militärschule gebracht worden waren – von wo aus sie mit Sicherheit in ein Lager in Osteuropa deportiert worden wären –, rettete sie die Fürsprache einer einflussreichen Person aus Kirchenkreisen und sie fanden Zuflucht im Vatikan. Dort versteckten sie sich bis zum Ende des Kriegs.

Onkel Dario bat für mich um eine Privataudienz bei Pius XII., damit ich ihn direkt um Hilfe bitten konnte.

Die Audienz fand im Vatikan statt, in der Privatbibliothek des Papstes. Ich ging durch Säle und Vorhöfe, in denen unzählige Kardinäle und Prälaten darauf warteten, empfangen zu werden. Es war eine sehr beeindruckende Atmosphäre, die ich in meinem Leben nie wieder erlebt habe. Als ich vor Pius XII. stand, war ich beeindruckt von seiner Gestalt: charismatisch, fürstlich, mit dunklen, leidenden Augen und einem durchdringenden Blick. Während wir alle vor ihm knieten, bat er mich aufzustehen. Damals war es sehr ungewöhnlich, vor dem Papst zu stehen, wie bei einer Begegnung auf Augenhöhe. Er war mir gegenüber sehr rücksichtsvoll. Unser Gespräch dauerte etwa eine Viertelstunde, und ich erinnere mich, dass er sehr bewegt war, als er meine Geschichte hörte. Nachdem ich fertig war, rief er einen seiner Sekretäre und sagte ihm, er solle den Apostolischen Nuntius in Berlin anweisen, Nachforschungen über meinen Vater anzustellen.

Ich habe nie etwas von ihnen gehört.

Nach diesem außergewöhnlichen Ereignis begann mein neues Leben. Für meine Familie war ich zweifellos ein schwieriger Mensch: Ich reagierte abweisend und der Gedanke, wieder in diesen bürgerlichen Clan einzutreten, in dem man sich u n b e d i n g t auf eine ganz bestimmte Art benehmen musste und nicht fluchen durfte, war für mich fast unerträglich. Ich hatte den Slang der italienischen Soldaten gelernt und die Gemeinheiten, die uns die Deutschen entgegengebrüllt hatten, verächtliche und unwiederholbare Beleidigungen, die mich zu einem Tier machten, zu einem ungeschickten, hässlichen, dicken, mürrischen und unhöflichen Mädchen. Ich hatte viele, sehr viele Fehler, die meine Verwandten in Schwierigkeiten brachten. Sie waren gute Menschen, sie liebten mich, aber das Lager hatte eine Wand zwischen uns errichtet.

Ich war ein verwundetes Tier. Wenn sie dachten, ich würde sie nicht hören, flüsterten sie: „Man muss Geduld mit Liliana haben …“ Uns trennte ein Abgrund. Die Rollen waren vertauscht, denn paradoxerweise war ich nun älter als sie. Theoretisch war ich die Kleine im Haus, die Nichte, und hätte gehorchen müssen. Aber ich war dem Schrecken der Konzentrationslager und dem Todesmarsch entkommen, und ich fand es lächerlich, dass sie mir vorschrieben, was ich tun durfte und was nicht, dass sie mir verboten, allein das Haus zu verlassen.

Doch genau das wollte ich. Allein sein, vielleicht mit meiner geliebten Susanna, aber sie verbaten es mir. Es war undenkbar, mit fünfzehn oder sechzehn Jahren zu einem Dienstmädchen zu ziehen, und so schleppte ich mich durch dieses überaus unglückliche Leben und behielt alles für mich.

Meinem Onkel, der seine Eltern und seinen einzigen Bruder verloren hatte und erst 1986 starb, erzählte ich nichts. Ich ersparte ihm die Schilderung dessen, was mit mir und Papà geschehen war, denn ich spürte seine Schuldgefühle, weil er seinen Bruder und seine Eltern in jener schrecklichen Zeit im Stich gelassen hatte. Er wurde achtundachtzig Jahre alt und seit Kriegsende bis zu seinem Tod jede Nacht von demselben Albtraum gequält: Er sah seinen Vater in diesem Zug und versuchte vergeblich, ihn da herauszuziehen. Vierzig Jahre lang schrie er im Schlaf. Meine Tante gestand es mir, und ich erlebte es selbst, als ich viele Jahre später die Wochenenden mit ihnen am See verbrachte. Als er Witwer wurde – fünf Jahre vor seinem Tod – war ich es, die ihn während unserer gemeinsamen Ferien jede Nacht beruhigte. Ich stand auf, ging an sein Bett und sagte ihm: „Onkel, es ist alles in Ordnung … morgen wird ein schöner Tag."

Er tat mir so leid. Seine Frau betrog ihn. Ich hatte es entdeckt und wollte aber nicht, dass er es erfuhr. Sie war viel jünger als er (1945 war sie gerade einmal vierzig Jahre alt), und mein Onkel, geschockt von den Verlusten und gequält von den Sorgen, das väterliche Geschäft wiederzueröffnen, schenkte ihr vielleicht nicht die Aufmerksamkeit, die sie sich gewünscht hätte. Ich vermied es, mit ihnen zusammen zu sein. Meine Tante war keine sehr angenehme Person, sie war ungebildet, grob und ungehobelt. Sie benutzte bei Gesprächen mit mir Ausdrücke, die sich ein Erwachsener gegenüber einem jungen Mädchen niemals erlauben würde. Aber sie hat es in ihrer Unwissenheit einfach nicht besser gekonnt.

Ich versuchte, meinen Onkel zu schützen, indem ich es so gut wie möglich vermied, mit ihm allein zu sein, damit sich keine Gelegenheit zum Reden ergab. Und auch er ging mir, ehrlich gesagt, lieber aus dem Weg: Er hatte Angst vor meinen Gesprächsthemen. Ich verstand ihn, also sprach ich selten mit ihm. Aber ich hatte ihn auch lieb und besuchte ihn jeden Tag in der Firma. Jedes Mal, wenn ein Kunde da war, sagte er zu mir: „Liliana, zeig mal deine Nummer!" Die meisten hatten keine Ahnung, worum es sich dabei handelte, und waren verblüfft, denn eine Tätowierung war damals eine Seltenheit, vor allem für ein Mädchen. Ein Kunde aus Brianza sagte zu meinem Onkel: „Warum kaufen Sie Ihrer Nichte nicht ein schönes Armband? Damit verdeckt sie das ..."

„Aber ich will das nicht verdecken!", protestierte ich.

„Ach, nicht?!?", sagte der Mann erstaunt.

Und der Onkel: „Nun, Liliana, du musst aber auch verstehen ... ein Mädchen, das mit einer Tätowierung herumläuft ..." Wieder einmal interessierten sie sich auf die falsche Weise für mich.

Und in der Zwischenzeit nahm ich zu. Ich wog mehr als siebzig Kilo.

„Genug!", sagte meine Familie immer wieder. „Iss nicht so viel!"

Das mag grausam klingen, aber sie hatten recht. Mein Appetit hatte nichts mit Hunger zu tun. Ich verschlang alles, und sie versuchten, mich zu zügeln.

Ich lernte, mich zurückzuhalten, und täuschte eine umgängliche Art vor. Bekamen wir beispielsweise Besuch, endete das Gespräch unweigerlich mit dem Unglück, das unser Gast in der Kriegszeit erlitten hatte. Meistens waren es Kleinigkeiten, Entbehrungen, die alle erlitten hatten, doch die Betroffenen dieser Unannehmlichkeiten erzählten natürlich so davon, als wären es echte Tragödien gewesen.

„Was ist denn passiert?", fragte ich einen der vielen Besucher.

„Ah, wenn du nur wüsstest ... Sie haben uns all unsere Koffer gestohlen! Da war die Unterwäsche meiner Mutter drin!"

Solche Klagen machten mich zur Spezialistin: Ich täuschte so viel Mitgefühl vor, wie ich konnte.

Wenn es um Trauerfälle ging, war mein Kummer natürlich echt, aber wenn es um G e g e n s t ä n d e ging, zeigte ich mein ganzes schauspielerisches Talent.

„Nein! Was Sie nicht sagen!“, rief ich aus. „Die Unterwäsche Ihrer Mutter?!? Ah, ich verstehe Sie ... es sind diese Dinge, die man heute ja nicht mehr bekommt ... Wie ärgerlich!“
Viele Leute habe ich auf diese Weise getröstet. Die meisten von ihnen wetteiferten darum, wer am meisten gelitten hatte. Ich erinnere mich an einen, der sich darüber beklagte, dass er als Evakuierter gezwungen war, Kastanien zu essen.
Und ich sagte: „Kastanien? O je, Sie Armer!“
Die Einzige, die mich wirklich verstand, war Graziella, aber der Aufenthalt im Haus meiner Tante und meines Onkels war für sie noch schwieriger als für mich. Nach ein paar Tagen machten sich nämlich die Unterschiede zwischen uns bemerkbar, die uns vorher nicht aufgefallen waren und die Graziella sehr störten. So hatte meine Tante in der Via Morozzo della Rocca ein Dienstmädchen, während die Coens eine so vielköpfige und einfache Familie waren, die ein Dienstmädchen noch nicht einmal gesehen hatte. Zwischen uns beiden entstand so ein Unbehagen, das wir uns eine Woche zuvor nie hätten vorstellen können.
Nach vierzehn Tagen sagte Graziella: „Ich würde gerne nach Rom fahren, um meine Schwester zu suchen, aber ich habe kein Geld.“ Daraufhin kaufte mein Onkel ihr die Fahrkarte und gab ihr etwas Geld, meine Tante kleidete sie vollständig ein, und wir befreiten uns gewissermaßen von ihr.
Die Unterschiede, die das Lager vorübergehend verwischt hatte, prägten unsere Beziehung auch in den folgenden Jahren. Zurück in Rom heiratete Graziella einen Lokführer, mit dem sie zwei Kinder bekam. Er zwang sie, ihre Tätowierung entfernen zu lassen. Jahre später, 1960, besuchte sie mich am Meer, in Pesaro, und plötzlich war die soziale Distanz zwischen uns wieder da. Ich war dreißig, sie einunddreißig. Am ersten Tag kam sie in einem Unterkleid an den Strand, denn so gingen die Frauen aus dem einfachen Volk baden.
Ich fragte sie: „Hast du deinen Badeanzug vergessen? Ich gebe dir einen von meinen.“
Sie sagte: „Warum? Brauchen wir einen Badeanzug?“

Ich konnte sie nicht dazu bewegen, einen anzuziehen!
Unsere weiteren Begegnungen haben diese Kluft nur noch vertieft. Während wir uns umarmten, küssten, in den Arm nahmen und uns an Auschwitz erinnerten, hatten mein Mann Alfredo und ihr Ehemann sich wenig zu sagen. Ihre Kinder und meine stellten sich zudem als das absolute Gegenteil heraus: eine Gruppe von Rabauken traf auf drei Schickimickis.
Bei einem dieser Besuche erzählte mir Graziella, dass sie Italien verlassen würden. Ihr Mann war ein fanatischer Gewerkschafter, der bei der Staatsbahn kündigen und einem Verwandten nach Südafrika folgen wollte. Wir schrieben uns mehrere Jahre lang, obwohl sie Analphabetin war. Sie hatte nie lesen und schreiben gelernt, und alle ihre Briefe begannen auf die gleiche Weise: „Ich bin der Sohn von Graziella Coen, die mir aufgetragen hat ..."
Obwohl die Freiheit uns an unsere Unterschiede erinnerte, vergaßen wir nie das Band, das uns im Schmerz vereint hatte.

In der Welt, die mich umgab, war es mir nicht möglich, über das Lager zu sprechen. Und so habe ich mir selbst das Schweigen auferlegt. Alle hatten etwas zu erzählen und niemand hatte Lust, sich die Geschichten der anderen anzuhören. Die Menschen wollten den Krieg vergessen. Norditalien hatte fünf Jahre unter Bombenangriffen, dem Partisanenkrieg und der Nazi-Besetzung gelitten ... Nachdem dieses blutige Kapitel abgeschlossen war, wollte niemand mehr etwas davon hören. Die Leute tanzten lieber und stürmten die neuen Lokale: Sie wollten sich amüsieren.
Wenn ein Kriegsheimkehrer in der Bar anfing, von einer Schlacht zu erzählen, stand er plötzlich allein da. Mittlerweile erkannte man diese Typen schon von weitem, und sobald sich einer von ihnen näherte, sagte man ihm sofort und ohne Umschweife: „Lass uns bloß mit deinen Kriegsgeschichten in Ruhe!"
Und noch weniger, ganz gleich, in welchem Umfeld, wollte man etwas von Auschwitz hören und dem, was mit Menschen wie mir dort geschehen war.

Auch ich wollte zur Normalität zurück, und der Schulbesuch schien mir ein notwendiger Schritt zu sein. Meine Tante und mein Onkel sahen das zunächst anders: „Bleib zu Hause, lerne erstmal die Hausarbeit und werde eine gute Ehefrau. Für die Schule ist es zu spät, du hast zu viele Jahre verloren …" Aber ich wehrte mich mit aller Kraft: Wenn ich zu Hause bliebe, würde ich verrückt werden.

Ich ging zu den Marcelline, die einzige Schule, die ich kannte. Da ich nicht einmal die Mittelschule abgeschlossen hatte, schlug mir die Oberin vor, ihren so genannten Sprachkurs zu besuchen. Er war nicht staatlich anerkannt und hatte keinen rechtlichen Wert, aber zahllose Mädchen, die während des Kriegs Schuljahre verloren hatten, belegten ihn.

Mir fiel es schwer, Beziehungen zu Gleichaltrigen aufzubauen. Sie waren von ihren Familien behütet worden und ihre Gesprächsthemen interessierten mich überhaupt nicht. Sie sprachen über ihre Flirts, neue Kleider, Make-up, den neuen Lippenstift, der keine Spuren auf der Kleidung hinterließ … Was hatte ich mit diesen Mädchen zu tun, die einmal meine Freundinnen gewesen waren? Absolut nichts. Außerdem konnte ich ja nicht erwarten, dass Fünfzehnjährige sich für meine Geschichten interessierten.

Ich ging gern mit einer Freundin oder meiner Cousine in das Eiscafé am Corso Vercelli, wo es köstliche Schlagsahne mit Zimt gab. Meine Großmutter versuchte immer, mich davon abzuhalten: „Aber nein, Liliana, geh da nicht hin, du bist schon so dick …"

Aber das war mir egal, mein körperliches Aussehen war meine geringste Sorge. Ich merkte jedoch, dass meine Familie Übergewicht nicht akzeptierte.

An einem Nachmittag ging mein Onkel, der Bruder meiner Mutter, mit mir ins Kino und konnte sich nicht verkneifen zu sagen: „Liliana, gib dir aber Mühe, etwas gepflegter auszusehen!"

Zwei Jahre nach meiner Rückkehr zur Normalität war ich schon sehr viel zivilisierter. Meine Stimmung blieb jedoch weiterhin vollkommen düster und oft spielte ich mit dem Gedanken, meinem Leben ein Ende zu setzen. Während der ganzen Zeit, die ich in der Via Morozzo della Rocca lebte, war ich der Pistole meines Onkels sehr nahe, sehr viel näher als der, die der Lagerleiter fallengelassen hatte.

Was mich am meisten bedrückte, war das Gefühl, dass der Überlebenskampf, den ich geführt hatte, vergeblich gewesen war. Ich hatte einen Schritt nach dem anderen getan, einen erschöpfenden Marsch des Widerstands mit nur einem Gedanken im Kopf („Nicht sterben!") überstanden, um mich jetzt in einer so b a n a l e n Realität wiederzufinden. Mir fällt kein besseres Wort ein, denn in der Tat schien mein Alltag als freie Bürgerin völlig leer zu sein: Es gab keinen Geist, keine Religion (weil ich keine hatte), kein Wissen (weil ich noch sehr ungebildet war), keine Liebe, kein Zuhause (weil ich auf dem Sofa im Wohnzimmer schlief). Onkel und Tante nahmen mich zwar auf, aber ich war den Armen sicher ein Dorn im Auge. Das war verständlich.

In jenen Jahren feierten die Familien der Mittelschicht immer sehr viel, zum einen, weil sich alle amüsieren wollten, zum anderen, weil es üblich war, auf diesen Partys Eheschließungen anzubahnen. Ich kümmerte mich endlich ein wenig um mein Aussehen. Nicht besonders viel, weil es mir nie wirklich wichtig war, doch ich begriff langsam, dass ich eine Frau war und dass es neben den Schrecken, die ich erlebt hatte, auch noch andere Dinge gab.

Meine Cousine Pupa, die aufgrund familiärer Umstände immer wieder länger mit mir bei Tante und Onkel lebte, gab hin und wieder eine Party, und ich musste natürlich mitfeiern. Aber nach einer halben Stunde, während alle zu den Klängen aus dem Plattenspieler tanzten, ging ich nach oben ins Schlafzimmer und kam nicht mehr herunter. Drei oder vier Leute folgten mir und riefen:

„Los, Liliana, komm runter! Wir tanzen!"

„Nein, habe ich keine Lust."

Diese Partys waren mir völlig egal. Ich wollte nicht dort sein, sie interessierten mich nicht. Bei diesen Gelegenheiten umwarb man

sich, Paare fanden sich, und möglicherweise hätte sogar ich jemanden getroffen, der mir vielleicht ein ganz kleines bisschen hätte gefallen können, doch ich wollte einfach nicht.
Der einzige Ausweg war die Schule. Am Ende des Sprachkurses bei den Marcelline sagten die Schwestern: „Segre, gib die Schule nicht auf. Warum nimmst du dir nicht ein Jahr Zeit, um privat zu lernen? Danach legst du die Abschlussprüfungen der Mittelschule ab. Dann kannst du das klassische Gymnasium besuchen. Wir geben dir die Adresse von zwei sehr guten Lehrerinnen."
Ich habe eine Weile darüber nachgedacht. Eine solche Entscheidung würde bedeuten, dass ich erstmal nicht mehr zur Schule ging, aber bevor ich den Vorschlag ablehnte, wollte ich mich mit den Lehrerinnen treffen, die sie mir empfohlen hatten. Es waren zwei jüdische Schwestern, Carla und Bianca Schick. Die eine unterrichtete Literatur, die andere Naturwissenschaften. Carla war eine hervorragende Griechisch-Lehrerin und beeindruckte mich so sehr, dass ich den Unterricht bei den beiden fortsetzte.
Ein Jahr lang ging ich bei ihnen in der Via Lanzone ‚zur Schule'. Ich war ihre einzige Schülerin, und sie erwiesen sich als zwei sehr gute Lehrerinnen. Ich lernte wie verrückt, denn ich musste in wenigen Monaten den Stoff aus fünf Schuljahren nachholen, die fehlenden der Mittelschule und das erste Jahr des Gymnasiums. Mich auf dieses Projekt zu konzentrieren, hat mir sehr, sehr geholfen, denn es gab meinem Leben wieder einen Sinn. Ich befand mich in einer sehr heiklen Phase, und das Lernen stellte für mich eine Alternative dar, es eröffnete mir unendlich viele Möglichkeiten. Es war der beste Weg, um der Zukunft als gute Ehefrau zu entkommen, die Onkel und Tante für mich vorgesehen hatten.
„Ich werde niemals heiraten", sagte ich mir, „ich werde Journalistin." Das wollte ich wirklich, und außerdem wollte ich nicht weiter bei meinen Verwandten wohnen bleiben.
Meine Tage drehten sich nur ums Lernen: Morgens ging ich zu Fuß zu den Schick-Schwestern. Ich besuchte ihren Unterricht, lief hinterher nach Hause und lernte, lernte, lernte. Es war unglaublich mühsam, aber es hat mir wirklich gutgetan. Ich bestand die

Prüfungen der Mittelschule und meldete mich im klassischen Lyzeum der Marcelline an.

Im selben Jahr, 1947, zogen meine Großeltern zusammen mit der Schwester meiner Großmutter in die Via Telesio.
„Liliana, zieh doch zu mir und Großvater", sagte Großmutter. „Du bist so unglücklich bei deiner Tante und deinem Onkel …"
Ich überlegte nicht lange und verließ unter großer Empörung die Wohnung von Tante und Onkel. Zwei oder drei Jahre lebte ich bei meinen Großeltern.
Im Sommer 1948 kam es zu der Begegnung, die mein Leben völlig veränderte. Ich war noch keine achtzehn Jahre alt und meine Großeltern fuhren mit mir in den Ferien nach Pesaro, zu zwei Cousins, die meine Großmutter schon lange besuchen wollte. Ich war nervös: Meine Laune war immer noch gedrückt, und an einem Ort, an dem ich niemanden kannte, Ferien zu machen, gefiel mir überhaupt nicht. Seit meiner Kindheit war ich es gewohnt, den Sommer in Ligurien zu verbringen – zuerst mit meinem Vater, später mit Onkel und Tante – und ich war überzeugt, dass ich mich in den Marken zu Tode langweilen würde.
Wir wohnten im Vittoria, einem eleganten Hotel mit Blick auf das Meer. Es war unsagbar heiß, der Strand war hässlich und schnurgerade, und mir gefiel überhaupt gar nichts. Als ich schließlich schwimmen ging, traf ich am Strand eine meiner Cousinen in Begleitung einiger Freunde, darunter Alfredo, mein zukünftiger Ehemann.
Ich, die sich nie für das andere Geschlecht interessiert und so viele Pläne im Kopf hatte, war wie vom Blitz getroffen! Ich sah diesen Mann an und dachte: ‚Der gefällt mir! O Gott, mir ist schlecht!'
Wir verliebten uns sofort ineinander, und drei Tage später waren wir zusammen.
Als meine Großeltern davon erfuhren, beendeten sie umgehend den Urlaub und brachten mich nach Mailand zurück. Solch ein Interesse hatte ich noch nie gezeigt, daher kam es für sie

überraschend, und sie machten sich Sorgen. Ich sollte nur keine Blessuren aus dieser Sommergeschichte davontragen. Sie hatten sich bereits erkundigt und herausgefunden, dass Alfredo ein Luftikus war, einer, der sich gern amüsierte.

„Bist du verrückt?", riefen sie. „Nach allem, was du durchgemacht hast, lässt du dich mit jemandem ein, der zehn Jahre älter ist als du! Mit einem, der jeden Sommer eine andere hat!"

Alfredo lebte in Bologna. Er hatte einen Jura-Abschluss und arbeitete in einer Anwaltskanzlei. Allein wegen meiner Nummer auf dem Arm (ich trug einen Badeanzug und die Tätowierung war zu sehen) hatte er begriffen, dass ich trotz des Altersunterschieds kein gewöhnliches Mädchen war.

„Ich weiß, was das bedeutet", sagte er zu mir, als er die Zahlen auf meinem Unterarm bemerkte. „In Deutschland habe ich viele damit getroffen. Was für eine schreckliche Sache."

Ich spurte, dass ich mit ihm reden konnte, und erzählte ihm ganz schüchtern ein bisschen was. Nur ein paar Details, weil ich zu jener Zeit mit niemandem über dieses Thema sprach.

Wir fingen an zu reden und hörten nicht mehr auf. Bis kurz vor seinem Tod redeten wir darüber. Ihn kennenzulernen, veränderte mich über Nacht, denn l i e b e n – ein neues Wort – und g e l i e b t z u w e r d e n – überwältigend neue Worte – lösten in mir eine Revolution aus.

Ich wollte diesen neuen Zustand bis ins Kleinste genießen. Wir hatten beide eine belastende Vergangenheit, doch gemeinsam beschlossen wir, sie hinter uns zu lassen: „Wir wissen alles übereinander, über das, was gewesen ist. Aber jetzt gibt es nur noch uns beide."

Bis wir unsere Beziehung offiziell machten, kam er heimlich nach Mailand: Wir gingen in der Nähe des Teatro dell'Arte tanzen oder ins Kino, um uns zu küssen … Das alles geschah am Samstag- oder Sonntagnachmittag, denn abends durfte ich nicht ausgehen. Meine Großmutter war furchtbar und sagte: „Du musst verstehen, du bist meine Enkelin, nicht meine Tochter, also habe ich eine doppelte Verantwortung: Du bist minderjährig und du hast einen

Freund, der zehn Jahre älter ist als du. Er ist ein Mann, also bleibst du zu Hause und gehst nur aus, wenn ich es sage!"
Ich war zwanzig, als wir heirateten, das war 1951, und ich erinnere mich, dass Onkel Amedeo vor der Hochzeit Alfredo anrief und sagte: „Hör mal, ich sage dir mal was: Befreundete Ärzte haben mir berichtet, dass Frauen, die lange Zeit ihre Periode nicht hatten und dieses Bismut genommen haben, vielleicht nicht einmal Kinder bekommen können."
„Das ist mir egal", antwortete Alfredo. „Ich denke nicht im Entferntesten daran, Kinder zu bekommen." Mir sagte er dasselbe: „Wir werden keine Kinder haben, wir werden einfach unser Leben leben."
„Vielleicht", erwiderte ich. „Wer weiß ..."

Alfredo spielte eine sehr wichtige Rolle in meinem Leben, die bedeutendste. Er hat mich immer beschützt, mir geholfen, mich begleitet und meine Stimmungen und Ängste nie kleingeredet. Vor mir – und mit mir und meinetwegen – hat er nie über seine Gefangenschaft gesprochen, nur in ganz wenigen Augenblicken.
„Ich weiß, wie sehr du gelitten hast, warum solltest du da auch noch meine Geschichte hören?"
Er wusste, dass unsere Erfahrungen in der Gefangenschaft völlig unterschiedlich gewesen waren, auch in Bezug auf die Härte: Im Lager behielt er seine Uniform und seinen Offiziersrang, er bekam Päckchen vom Roten Kreuz, außerdem respektierten die gefangenen Soldaten weiterhin ihre Vorgesetzten, die Hierarchien blieben unverändert.
Bevor ich ihm begegnete, war ich ein formloses Wesen, ich war einfach eine Überlebende, die sich nicht darüber freuen konnte, sich gerettet zu haben, und die Selbstmordgedanken quälten. Ich wurde erst zur Frau, als ich mich in Alfredo verliebte.
Wir liebten uns ungeachtet meiner Vergangenheit. Bei aller Zärtlichkeit und Liebe, die er für mich empfand, hat er mich nie bemitleidet, sondern hat mich im Gegenteil immer wieder

angespornt, mich weiterzuentwickeln. Ich erinnere mich, dass ich einmal – wir waren noch verlobt – einem Signore in der Straßenbahn versehentlich auf den Fuß trat und mich nicht entschuldigte.

„Hör mal“, sagte Alfredo, „du bist jemandem auf den Fuß getreten und entschuldigst dich nicht?“

„Aber was ist denn schon passiert?“, erwiderte ich verärgert. „Das war doch keine Absicht!“

Er erwiderte: „Falsch: Du bist einem Mann auf den Fuß getreten, du hast ihm wehgetan und du m u s s t dich entschuldigen.“

Das war eine wichtige Lektion, an die ich mich auch nach sechzig Jahren noch erinnere: Wollte ich ins normale Leben zurückkehren? Wollte ich eine verliebte Frau sein, seine Frau? Ich war nicht mehr die Gefangene der Nazis, ich musste mich bemühen, Teil dieser neuen Gesellschaftsordnung zu werden.

Oft sagte er auch zu mir: „Dein Blick ist manchmal schrecklich, weil du über die Dinge hinausschaust. Ich weiß, woran du in diesen Momenten denkst. Doch du solltest hier sein! Du bist jetzt hier.“

Lange Zeit versuchte ich, das Lager zu vergessen, soweit das möglich war. Denn mein Arm sprach unaufhörlich zu mir, jeden Tag, jede Minute. Meine Feigheit hatte mich seit meiner Gefangenschaft dazu getrieben, nicht hinzusehen, nicht hinzuhören, nicht verstehen zu wollen, nicht zu sprechen, nicht zu existieren. Und auch danach, als freie Frau, lebte ich weiterhin mit bestimmten Ängsten: Ich kann zum Beispiel nicht allein in einem Haus schlafen (das habe ich noch nie in meinem Leben getan), Schäferhunde machen mir schreckliche Angst (selbst die alten und schwachen), rauchende Schornsteine stören mich so sehr, dass ich nie einen Kamin hatte. Und im Namen dieser Feigheit, dieses tiefen Egoismus, habe ich viele Jahre lang geschwiegen. Ich sprach nicht über das Lager, weil ich mich nach Normalität sehnte, und Alfredo schenkte mir die Unbeschwertheit, die ich brauchte.

Mit ihm lernte ich den wunderbaren Zustand der Leidenschaft kennen, und ich versuchte, so zu sein, wie er mich haben wollte. Denn er hat mir alles beigebracht: vom ersten Kuss bis zum Sex. Es war, wie der Geburt einer anderen Liliana zuzusehen, einer Liliana, die nicht mehr traurig sein und nicht mehr über schmerzhafte Dinge sprechen wollte, einer Liliana, die glücklich sein und diese Freude, diese Liebe mit ihm genießen wollte – und das Glück, geliebt zu werden.

Als der Gynäkologe uns sagte, dass ich schwanger sei, konnte Alfredo es nicht glauben.
„Hören Sie, das scheint mir unwahrscheinlich", sagte er dem Doktor. „Man hat mir gesagt, dass sie keine Kinder bekommen kann ..."
Doch der Arzt hatte recht. Einige Monate später brachte ich Alberto zur Welt, fünf Jahre später Luciano und schließlich 1965 Federica. Und wieder erwies sich Alfredo als der Situation gewachsen. In seinen Augen wurde ich noch wertvoller und wichtiger: Ich war Mutter und hatte Anspruch auf eine privilegierte Stellung. Ich war die Königin des Hauses, die Mutter unserer drei Kinder, das schönste Geschenk in unserem Leben.
Nach Albertos Geburt weinte ich zum ersten Mal seit vielen Jahren. Fast alle Mütter weinen bei der Geburt ihres ersten Kindes, aber für mich hatte dieses Kind, das den Namen meines Vaters trägt, eine besondere Bedeutung. Es war eine Rückkehr ins Leben nach so viel Tod, quasi die ‚Wiedergeburt' meines Vaters. Diese Momente des höchsten Glücks habe ich ausgiebig genossen, ganz egoistisch.
Dass ich nicht verrückt geworden bin, dass ich nicht zu einer dieser Obdachlosen geworden bin, die mit Taschen beladen durch die Straßen ziehen, dann deshalb, weil ich all diese Liebe geschenkt bekommen habe. Hätte ich keine Liebe in meinem Leben erfahren, wäre es mit mir schlecht ausgegangen. Ich habe immer den Ruf des Abgrunds in mir vernommen, und lange Zeit bin ich am Rande dieses Abgrunds gewandelt. Deshalb fühle ich

eine tiefe Verbundenheit mit diesen armen Frauen. Wenn ich eine von ihnen auf der Straße treffe, wechsle ich immer ein paar Worte mit ihr.

Es war für mich von grundlegender Bedeutung, einen Mann zu haben, der – ohne mir den Vater zu ersetzen (Alfredo war ganz anders als mein Vater) – mir immer das Gefühl gab, beschützt zu werden, selbst als er bereits alt und krank war. Alfredo starb 2008, und noch in der letzten Phase, während seines Krankenhausaufenthalts, sagte er zu mir: „Komm nicht ins Krankenhaus, das ist zu anstrengend für dich!", denn ich blieb stundenlang, ja, nächtelang dort. Er war froh, dass ich da war, aber er tat alles, um mich zum Gehen zu bewegen. Er war sehr großzügig.

Es gibt ein Foto von ihm aus seinen späten Jahren, auf dem er wunderschön ist. Auf dieser Aufnahme war Alfredo bereits achtzig Jahre alt, und er gefiel mir immer noch. Ich war immer in ihn verliebt. Unsere gemeinsame Zeit war wundervoll.

14

WORTE SIND STEINE

Mein Körper trägt noch immer die Spuren des Lagers. Als ich mit fünfzehn Jahren nach Mailand zurückkehrte, litt ich bereits an Zahnfleischentzündung und die Zähne in meinem Unterkiefer wackelten. Jahrelang musste ich aufwändige Zahnbehandlungen über mich ergehen lassen. Seit der Zeit in den Unionswerken habe ich zudem Probleme mit meiner Wirbelsäule. Mit dem Einsetzen der Wechseljahre merkte ich, dass mein Rücken nicht mehr lange mitmachen würde. Ich litt an einer frühen Form von Osteoporose, so dass ich bis heute mit dem ständigen Risiko lebe, dass meine Knochen ganz schnell brechen. Die Ärzte ermahnen mich, immer aufzupassen, damit ich nicht stürze, und nie mehr als zwei Kilo Gewicht zu tragen. Wenn ich allein einkaufen gehe, überlege ich genau, was ich kaufe. Als meine Kinder klein waren, konnte ich sie noch auf den Arm nehmen, doch meine Enkelkinder konnte ich nur auf dem Schoß halten.

Die Krankheit jedoch, die sich am verheerendsten auf mich auswirkte, war eine sehr schwere Depression, die mich im Alter von sechsundvierzig Jahren überkam. Das war 1976, und ich fühlte mich schon seit einiger Zeit nicht mehr wohl. Alles lastete auf mir: meine Familie, meine täglichen Verpflichtungen, die Tatsache, dass ich immer verfügbar sein musste.

Meiner Großmutter, die in einem jüdischen Pflegeheim lebte, ging es nicht mehr gut. Sie war fast hundert und bedrängte mich mit ständigen Bitten um Aufmerksamkeit. Ich liebte sie sehr, besuchte sie jeden Tag und brachte ihr – entgegen den Vorschriften – immer nicht-koscheres Essen mit, was sie sehr mochte. Doch trotz meiner Zuneigung zu ihr fühlte ich mich versklavt: Wehe, wenn ich einen Tag nicht kam, wehe, wenn ich ihr nicht alle Einzelheiten meines Lebens erzählte. Sie war eine sehr wehklagende Frau, aber sie hatte ihre Gründe dafür: Ihre drei Kinder hatte sie allesamt sterben sehen, zuerst sehr jung ihre Tochter – meine Mutter –, später ihre Söhne. Als sich ihr Gesundheitszustand verschlechterte, wurde die Last der Verantwortung für mich unerträglich.

Dazu kam, dass Alfredo nicht besonders reiselustig war. Wir hatten daher eine Abmachung getroffen: Ich würde die Rolle der Ewigen Jüdin spielen und er die des sesshaften Papstes. Obwohl ich sein Pesaro sehr liebte, war das Pendeln zwischen Mailand und den Marken nicht gerade meine Idealvorstellung von Urlaub. Wenn sich mir also eine Gelegenheit für eine interessante Reise bot, brach ich auf.

Im März 1976 beschlossen einige Freundinnen, mit denen ich jedes Jahr an ziemlich weit entfernte Orte reiste, nach Sri Lanka zu fahren, und ich sagte Alfredo, dass ich mich ihnen anschließen würde.

„Nach Sri Lanka?!?", fragte er ungläubig. „Was willst du denn da!?"

„Es besuchen! Und Indien ist auch noch in der Nähe, das ist sehr faszinierend ..."

„Willst du wirklich dahin?"

„Ja."

Die Reaktion meiner Großmutter war völlig entmutigend. „Fahr nicht, es geht mir so schlecht. Wenn du verreist, sterbe ich."

Ihre moralische Erpressung ärgerte mich, aber ich flog trotzdem.

Als wir an unserem Ziel ankamen, empfing uns eine unerträgliche Hitze.

Trotz der hohen Temperaturen besichtigten wir die Sehenswürdigkeiten und liefen viel herum, bis ich eines Tages, als wir in der

heißen Sonne spazierten, zu meiner Freundin sagte: „Ich muss eine Pause machen, mir ist übel."
Ich legte mich auf die Erde, mein Kopf dröhnte. Von diesem Moment an schleppte ich mich mit einem Eisbeutel auf dem Kopf durch Sri Lanka.
Als ich nach Mailand zurückkam, fühlte ich mich sehr elend. Meine Großmutter war trotz ihrer Drohungen noch am Leben, aber es ging ihr überhaupt nicht gut. Sie hatte keine besonderen Beschwerden, es war einfach ihr hohes Alter.

Kurze Zeit später schlug mir Alfredo etwas vor: „Warum machst du nicht mal einen kleinen Ausflug mit mir? Ich fahre mit dir an die Côte d'Azur und wir feiern unsere Silberhochzeit!"
Eigentlich hatte ich keine Kraft dafür, aber ich akzeptierte und tat so, als wäre ich sehr glücklich. Tief im Inneren war ich w i r k l i c h glücklich über seine Idee, doch ich fühlte mich immer noch zu schwach. Der Sonnenstich in Sri Lanka hatte seine Spuren hinterlassen, und ich litt lange an den Folgen.
Ich bekam alle möglichen Beschwerden: Ich hatte schreckliche Herzrhythmusstörungen, obwohl der Kardiologe mich immer wieder beruhigte: „Machen Sie sich keine Sorgen, Signora. Sie haben nichts."
Nachts bekam ich Albträume – dieses Mal hatte das Lager nichts damit zu tun – und ich wachte morgens mit heftigen Kopfschmerzen auf. Ich verstand gar nichts mehr.
Im Sommer 1976 war ich mit meinen Kräften am Ende. Ich erlitt einen totalen Zusammenbruch, und niemand konnte sich die Ursache erklären. Ich war beängstigend dünn geworden und kam nicht mehr aus dem Bett, so dass ich meine Großmutter im Juni nicht im Pflegeheim besuchen konnte. Ich schickte Dina, meine Haushälterin, die ihr das Essen brachte.
„Warum kommt Liliana nicht?", fragte Großmutter Bianca, und Dina hatte nicht den Mut, ihr zu sagen, wie krank ich war.
In jenem Sommer brachten sie mich nach Pesaro, und während Alfredo und die Kinder das Meer genossen – so gut es eben ging –,

pflegte mich meine treue Dina, eine fantastische Frau: Ich bekam kaum Luft und sie verbrachte Stunden damit, mir mit einem Fächer Luft zuzuwedeln.

Ich litt unter wiederkehrenden Panikattacken, bei denen ich dachte, ich würde sterben; ich konnte nicht stehen, aß fast nichts und erbrach das Wenige, das ich herunterbekam. Ich war ein Zombie.

Am Morgen des 13. August lag ich auf dem Sofa. Alfredo kam und setzte sich neben mich und streichelte mich ein bisschen. Ich bemerkte, dass er irgendwie unruhig war, und schließlich nahm er allen Mut zusammen.

„Hör mal“, sagte er, „Großmutter ist gestorben.“

Ich habe mich immer sehr gut kontrollieren können, ich kann die heftigsten Gefühle unterdrücken, und zwar so gut, dass ich zweimal ein Magengeschwür bekam, doch in diesem Moment konnte ich mich nicht beherrschen. Großmutter Bianca war allein im Pflegeheim gestorben, und ich hatte keine Gelegenheit gehabt, mich von ihr zu verabschieden. Ich schrie wie verrückt und beschimpfte sie: Ich konnte ihr nicht verzeihen, dass sie einfach so gegangen war, ohne auf mich zu warten.

Sie hatte drei Kinder verloren, und ich war das einzige ihrer fünf Enkelkinder, das sich in jeder Hinsicht um sie gekümmert hatte, auch finanziell. Jahrelang hatte ich sie im Pflegeheim unterstützt und mich geschämt, dass ich sie nicht bei uns zu Hause pflegen konnte.

Ich fühlte mich schrecklich und kehrte sofort nach Mailand zurück.

Nicht einmal den Leichnam durfte ich sehen, denn die jüdische Religion erlaubt keine Totenwachen am offenen Sarg. Ich ging nicht zu ihrer Beerdigung und fühlte mich noch jahrelang krank. Ich lebte in Arztpraxen und hatte eine regelrechte ‚Bulimie‘ nach Ärzten entwickelt, etwas, das mir nie zuvor passiert war, und von dem ich nicht dachte, dass es mir passieren würde. Ich erinnerte mich nur zu gut an die Lagerärzte, an ihre ausdruckslosen Blicke, mit denen sie die Deportierten selektierten, als wäre es das

Normalste der Welt: Ein Kopfnicken und die SS-Leute würden dich direkt in die Gaskammer schicken.
Stattdessen ging ich in jenen Jahren ständig in Arztpraxen aller Fachrichtungen ein und aus, und jedes Mal sagten sie mir dasselbe: „Keine Sorge, Signora. Sie haben nichts."
Irgendwann nahm ein Freund von Alfredo meinen Mann zur Seite und sagte: „Alfredo, meiner Meinung nach hat deine Frau einen Nervenzusammenbruch." Er empfahl mir den richtigen Arzt, Professor Ambrosini.
Nervenzusammenbruch, so nannte man früher Depression. Ambrosini verwies mich an einen Psychiater, dem er vertraute, einen sehr kompetenten jüdischen Arzt.
Dem Psychiater genügte ein Blick.
„Signora, Sie haben Panikattacken, nicht wahr?"
Ich nickte.
„Und während dieser Krisen haben Sie das Gefühl, dass Sie sterben werden, nicht wahr?"
Es stimmte. In jenen Momenten fühlte sich jeder Augenblick wie der letzte an.
Er verschrieb mir Psychopharmaka – denen ich sehr dankbar bin – in einer sehr niedrigen und angemessenen Dosierung. Er sagte mir, ich solle mich nicht zu Dingen zwingen, die ich nicht tun wollte und die ich tatsächlich schon lange nicht mehr tat, wie Autofahren, ins Restaurant oder Kino gehen. Zum Glück hatte ich einige Freunde, die mir das Einkaufen abnahmen, die meine Tochter zur Schule brachten und auf sie aufpassten.
Und langsam erholte ich mich.
Aus der Krankheit ging ich mit einer neuen Erkenntnis hervor: Nämlich, dass ich mein jüdisches Bewusstsein verdrängt hatte. Ich hatte es beiseitegeschoben und den Katholizismus von Alfredo, der aus einer sehr religiösen Familie stammte, angenommen. Eine Weile war ich sogar mit ihm zur Messe gegangen. Nach der Depression wurde mir jedoch klar, dass ich mich in all den Jahren an ein Leben und eine Mentalität angepasst hatte, die nicht zu mir gehörten. Ich fühlte mich wie eine andere Frau, und

in mir entstand ein neues Selbstbewusstsein, das ich nie zuvor verspürt hatte.

Es war 1981, ich war einundfünfzig Jahre alt und Alberto hatte gerade aufgehört, im Familienbetrieb Segre & Schieppati[14] zu arbeiten. Damals wollte Onkel Amedeo, der nun alles allein bewältigen musste, die Firma schließen, doch trotz der wenigen Kraft, die ich hatte, bot ich ihm an: „Ich kann dir helfen." Zum ersten Mal in meinem Leben hatte ich also eine Arbeit, fing an, Geld zu verdienen, und verspürte eine große Unabhängigkeit von allen Menschen um mich herum.

Für meinen Mann war das ein ziemlicher Schock. Er hatte sich an eine Frau gewöhnt, die sich trotz ihres Charakters – denn ich bin gewiss kein einfacher Mensch – liebend gern ausschließlich um ihn kümmerte. Bis dahin war ich zweifellos mehr Ehefrau als Mutter, denn ich war immer sofort bereit, unsere Beziehung an erste Stelle zu setzen, unsere drei Kinder – das ‚lästige Trio', wie wir sie nannten – allein zu lassen, um einen Abend für uns zu haben oder eine romantische Reise zu unternehmen.

Am Ende der langen Depression fand ich jedoch Gefallen an meiner Unabhängigkeit und entwickelte unbeschwert meine Individualität. Meine Liebe zu Alfredo blieb unverändert, doch ich bemerkte bestimmte Dinge, die ich vorher nicht wahrgenommen hatte, nicht nur bei ihm, sondern bei allen Menschen um mich herum. Ehrlich gesagt hatte ich sie schon immer vor Augen, aber so wie in anderen Momenten auch hatte ich sie einfach ignoriert.

Ich erkannte mein Bedürfnis, an mich selbst zu denken, meinen eigenen Raum außerhalb meiner Beziehung zu Alfredo zu schaffen. Mein Mann war für mich wichtig gewesen, um eine Normalität wiederzufinden, doch vielleicht war nun die Zeit gekommen, dass ich mich von der Liebe, die mich umgab und die ich auch weiterhin erwidern wollte, unabhängig machte. Und bei dieser Entwicklung war die Arbeit sehr wichtig.

Am Anfang fühlte ich mich in der Firma wie an meinem ersten Tag bei der Union: Ich wusste nicht, was ich tun sollte, ich war das klassische ahnungslose Mädchen, das bestenfalls die Briefmarken holen konnte, so wie ich einst Maschinengewehrmunition geholt hatte. Da ich bis zu meinem fünfzigsten Lebensjahr nie gearbeitet hatte, wusste ich nicht, wo ich anfangen sollte. Doch als mein Onkel mir das Geschäft überschrieb, begann ich mich mit den wirtschaftlichen Aspekten zu befassen und sie zu verstehen. Zuvor hatte ich mich für so etwas nie interessiert, da mein Mann für mich sorgte. Ab da erkannte ich den großen Unterschied zwischen einer w i r k l i c h unabhängigen Frau und einer Frau, die ihren Ehemann – und sei er noch so wohlhabend – bei allen zusätzlichen Ausgaben um Erlaubnis fragen muss.

15

ICH HABE ÜBERLEBT, UM ZU ERINNERN

Mit der Zeit begriff ich, dass die fünf Jahre der Depression nicht umsonst gewesen waren. Diese lange Einsamkeit – die Einsamkeit einer Kranken – bestand zwar aus zeitlosen Tagen, die ich untätig in meinem Schlafzimmer verbracht hatte, ohne eine Verpflichtung für den nächsten Tag, aber sie war nicht nur eine passive Phase, obwohl es mir währenddessen so vorkam. In dieser Zeit arbeitete mein Kopf sehr viel und dies mehr auf rationaler als auf emotionaler Ebene, so dass schließlich eine weitere Erkenntnis in mir aufstieg: *Ich hatte meine Pflicht nicht erfüllt.*

In allen Phasen meines Lebens dachte ich immer, ich hätte meine Pflicht getan: Ich war eine gute Ehefrau, eine gute Mutter, eine gute Bürgerin, die immer ihre Steuern zahlte und nie jemandem etwas zuleide tat. Das habe ich – soweit es möglich war – auch nie bereut. Aber in den Jahren der Depression überkam mich die Erkenntnis, dass ich nicht alles getan habe, was eine Überlebende tun *musste*, wie eine übermächtige Welle.

Ich sagte mir: „Die Welt da draußen spricht von Dingen, die *ich mit eigenen Augen gesehen habe*, und ich habe nicht den Mut, meine Meinung zu sagen? Dabei bin ich eine Zeugin, ich trage die unmittelbare Verantwortung, meine Geschichte weiterzugeben."

Ich war mir sicher, dass ich etwas tun konnte, aber ich wusste nicht, w i e.
Es hat Jahre gedauert, bis ich den Mut aufbrachte, öffentlich zu sprechen. Ich habe nie unterrichtet, ich habe mich nie in der Politik engagiert, ich habe also nie die Gelegenheit gehabt, vor Publikum zu sprechen: Für mich war es ein Sprung ins kalte Wasser, ich hatte Angst, dass ich die Worte nicht finden oder den Faden verlieren, dass ich zu laut werden oder mitten im Satz abbrechen würde. Ich hatte Angst, dass ich mich durch Schreien oder Weinen blamieren könnte.
Jahrzehntelang hatte ich mich von Büchern über den Holocaust ferngehalten, und unter Schmerzen habe ich mich also wieder mit Werken beschäftigt, die ich feige verdrängt hatte, nur um nicht zu leiden: Ich befasste mich mit Stephan Landsmans Essays, Hermann Langbeins *Menschen in Auschwitz*, Rudolf Höß' *Kommandant in Auschwitz*, sah Alain Resnais Dokumentarfilm *Nacht und Nebel* und las natürlich die Texte von Primo Levi, dessen Gelassenheit ich immer bewundert habe und der für mich ein großer Lehrer von Leben und Tod war.
Als ich mich endlich bereit fühlte, den Sprung zu wagen, wollte ich meine Verwandlung so rasch wie möglich vollenden: von der guten Ehefrau, Mutter und Bürgerin, die ich war, zu der neuen Liliana, die ich werden wollte.
Die Gelegenheit dazu ergab sich in der zweiten Hälfte der 1970er Jahre. Im Altersheim, in dem Großmutter Bianca wohnte, blätterte ich zufällig in einer Ausgabe des Mitteilungsblatts der jüdischen Gemeinde von Mailand. Dabei fiel mein Blick auf ein Inserat einer gewissen Giuliana Donati, die alle Überlebenden des Holocaust aufforderte, sich telefonisch mit ihr in Verbindung zu setzen und ihr Informationen über Personen zu liefern, die nicht aus den Konzentrationslagern zurückgekehrt waren. Ich dachte eine Weile darüber nach, denn ich hatte noch nie mit jemandem über meine Geschichte gesprochen, und schließlich rief ich sie an. Sie hatte eine sehr nette, interessante Stimme, und ich beantwortete ihre Fragen gern. Giuliana arbeitete im Centro di

Documentazione Ebraica Contemporanea (CDEC), dem Dokumentationszentrum jüdischer Zeitgeschichte in Mailand, und war die Tochter von Professor Donati, dem Chirurgen des Königshauses Savoyen. Sie war eine etwas exzentrische Frau: getauft, mit einer katholischen Mutter und einem jüdischen Vater, wurde sie nach ihrem Übertritt zum Judentum strenggläubig und hielt sich wie alle Neophyten buchstabengetreu an die Kashrut, die jüdischen Speisegesetze. Sie beging jeden Feiertag. Nachdem wir ein Jahr lang nur miteinander telefoniert hatten, sagte sie: „Liliana, du musst mich besuchen. Du bist eine Fundgrube für Informationen, du hast ein beeindruckendes Gedächtnis!"

Als ich mich endlich mit ihr traf, stellte sie mir Goti Bauer vor, eine weitere Auschwitz-Überlebende, mit der sich sofort eine wunderbare Beziehung entwickelte.

Giuliana und ich wurden enge Freundinnen, obwohl ich anfangs befürchtete, dass sie eine gewisse Vorstellung von mir hatte. Jedes Mal, wenn ich sie besuchte, schien ich eine Erscheinung für sie zu sein. Doch all diese Zuneigung gab mir Vertrauen, und dank ihrer Nähe kam ich zu der Überzeugung, dass ich meine Geschichte erzählen m u s s . Als Giuliana später das CDEC verließ, begann Liliana Picciotto – auf der Grundlage von Giulianas Recherchen – mit der Abfassung ihres monumentalen *Libro della memoria* (Buch der Erinnerung), dem ersten Text, der alle Namen der zwischen 1943 und 1945 deportierten italienischen Juden versammeln sollte.

Ich habe an Lilianas Arbeit mitgewirkt und wir haben viele Nachmittage damit verbracht, Karteikarten zu den Menschen anzulegen, die ich in den Lagern getroffen hatte.

Als das Buch schließlich erschien, traute ich meinen Augen kaum. Es hat mich sehr beeindruckt: Es ist eine Liste mit fast neuntausend Namen von italienischen Opfern der Shoah, und zu jedem Namen gibt es eine Reihe von Daten: „geboren am", „verhaftet am", „deportiert am", „getötet bei Ankunft" oder „getötet an unbekanntem Ort". Ab und zu ein „überlebt". Auf diesen tausend Seiten gehöre ich zu den ganz wenigen Überlebenden.

Eines Tages merkte ich, dass ich nicht länger schweigen konnte. Die Begegnungen mit Giuliana und Liliana hatten bei dieser Entscheidung eine wichtige Rolle gespielt, doch ohne Goti hätte ich nicht den Mut aufgebracht, diesen Schritt wirklich zu tun. Sie bewegte mich dazu, zu erzählen, zunächst in einem sehr geschützten Rahmen, bei einer Abendgesellschaft im Hause der befreundeten Familie Pavia. An diesem Abend hatte jeder der Anwesenden eine Geschichte zu berichten, doch diese zehn Minuten des Austauschs gaben mir das Vertrauen und die Bestätigung, dass ich mich einem größeren Publikum stellen konnte.

Für meinen ersten öffentlichen Auftritt wählte ich die Schule der Marcelline.

Als ich nach dem Krieg dorthin zurückgekehrt war, um zu lernen, hatte die Oberin zu mir gesagt: „Liliana, denk daran, dass du ganz andere Erfahrungen gemacht hast als deine Mitschülerinnen, also sprich dieses Thema nie an."

Damals beruhigte ich sie und wies darauf hin, dass ich nicht die geringste Absicht hatte, irgendjemandem von meiner Gefangenschaft zu erzählen. Mehr als vierzig Jahre später, im Jahr 1990, kehrte ich in diese Schule zurück. Die Oberin meiner Kindheit war schon vor langer Zeit gestorben, aber es gab noch Schwestern, an die ich mich erinnerte.

Ich bat darum, die neue Oberin kennenzulernen, und sagte zu ihr einfach: „Ihre Vorgängerin hatte mir befohlen zu schweigen, und ich habe ihren Wunsch respektiert. Damals war ich ein junges Mädchen, aber jetzt bin ich sechzig Jahre alt und möchte öffentlich sprechen. Ich weiß nicht, ob ich das schaffe, ob ich etwas herausbekomme oder ob ich weinen werde ... deshalb würde ich es gern vor den Nonnen tun, an einem Ort, den ich kenne und der mir viel bedeutet. Die meisten Nonnen wissen sehr wenig über den Holocaust und einige von ihnen kennen mich seit meiner Kindheit."

Die Oberin gab meiner Bitte statt, und so fand ich mich in einem Klassenraum wieder, wo ich vor fünfundvierzig Nonnen sprach. Als ich meinen Bericht beendet hatte, war ich überrascht, wie viele Fragen sie mir stellten. Viele von ihnen waren das Schweigen gewohnt, aber sie waren so interessiert an meiner Geschichte, dass sie ganz gesprächig wurden. Die häufigste Bemerkung war: „Warum haben Sie diese Geschichte vorher noch nie erzählt?" Ihre Neugierde und aufrichtige Anteilnahme gaben mir ein gewisses Vertrauen. Ich hatte diesem Moment der Auseinandersetzung mit viel Bangen entgegengesehen, aber ihre Worte beruhigten mich.

„Du wolltest vor einem Publikum offen sprechen, und das ist dir gelungen, Liliana."

Und so organisierten die Schwestern für mich ein Treffen mit den Schülern. Ich sprach vor hundertfünfzig Schülerinnen und Schülern, was mich damals sehr einschüchterte.

Bei den Marcelline erzählte ich meine Geschichte ein weiteres Mal vor einer noch viel größeren Gruppe. Vor mir saßen etwa vierhundert Menschen, doch den ergreifendsten Moment des Abends schenkte mir eine alte Schulfreundin, die Nonne geworden war. Als ich geendet hatte, stand sie auf und sagte: „Als Schwester der Marcelline entschuldige ich mich dafür, dass ich dich gezwungen habe, dich taufen zu lassen, um dich an unserer Schule aufzunehmen." Seit jenem Ereignis waren fast fünfzig Jahre vergangen, aber diese Worte haben mich tief berührt.

In kurzer Zeit, ich weiß nicht wie, vielleicht dank der Begeisterung von Freunden und Lehrern, habe ich an hunderten Orten in ganz Italien und der ganzen Welt meine Geschichte erzählt. Und man möge bedenken, dass nur wenige Jahre zuvor fast alle Menschen, die mir am nächsten standen, so gut wie nichts davon wussten. Meine engsten Freundinnen zum Beispiel haben immer gespürt, wie schwer diese Erinnerungen für mich waren, doch sie haben lieber nicht nachgefragt, damit ich nicht leide. Die Gründe für mein Schweigen waren ziemlich einfach: Mit manchen Menschen redet man nicht, weil man weiß, dass sie einen nie verstehen werden; mit anderen redet man nicht, weil man weiß, dass sie schon alles verstanden haben (oder weil sie das gleiche Schicksal wie man selbst geteilt haben); mit anderen redet man nicht, weil die Vergangenheit einen erdrückt und man nur an die Zukunft denken will. Genau genommen, ist es einfacher, Gründe für das Schweigen zu finden als zu reden.

Natürlich hatte ich immer mal wieder ein paar Details erzählt, aber nur unter besonderen Umständen und gegenüber ganz besonderen Menschen. Bevor ich die Kraft fand, an die Öffentlichkeit zu gehen, wussten selbst meine Kinder nichts von allem. Und auch danach habe ich sie immer wieder angefleht, nicht zu meinen öffentlichen Veranstaltungen zu kommen: Das sind nämlich solche Schläge in die Magengrube, die ich ihnen gern ersparen wollte. Federica kam trotzdem heimlich zu einer meiner ersten Schulveranstaltungen. Sie blieb vor der Tür stehen und hörte zu. Alfredo hingegen kam oft. Er saß immer hinten im Raum und weinte die ganze Zeit.

Meinen Kindern habe ich jedoch nie etwas erzählt, obwohl Federica das Gegenteil behauptet.

„Mama, du merkst es gar nicht", sagte sie mir ein paar Mal, „aber dieses Thema war immer da. Du glaubst, dass du uns nie davon erzählt hast, weil du nie gesagt hast: ‚Kinder, jetzt erzählt euch Mama ihre Geschichte', aber deine Erinnerungen sind tausendmal hochgekommen."

Außerdem hat die Nummer auf meinem Arm trotz meines Schweigens nie aufgehört, für mich zu sprechen. Diese Tätowierung hat mich und meine Familie geprägt, aber ich habe nie daran gedacht, sie entfernen zu lassen. Warum auch? Aus Scham? Nicht ich sollte mich schämen, sondern diejenigen, die sie mir verpasst haben.

Einmal war ich mit Alberto – er muss sechs Jahre alt gewesen sein – im Park, als er weinend zu mir kam.

„Stimmt es, dass du ein Mal hast?", fragte er mich.

„Was meinst du?", fragte ich ihn.

„Ein Freund von mir hat diese Nummer auf deinem Arm gesehen und gesagt: ‚Deine Mama hat ein Mal!'"

Er war noch ein Kind und dieses Wort hatte sich für ihn sehr schlimm angehört.

Ich wusste nicht, was ich zu ihm sagen sollte, und antwortete feige: „Das erzähle ich dir, wenn du älter bist".

Viele, zu viele Male habe ich die Fragen meiner Kinder mit diesem Satz abgetan. Und natürlich habe ich dieses Versprechen nie eingehalten.

Meine Kinder lieben mich sehr, aber ich war ihnen *eine ungeheure Last*. Und das nicht, weil ich besonders streng mit ihnen war, sondern auch, weil Alfredo alles getan hat, um mich vor den Mühen des Mutterseins zu schützen. Er hat den Kindern nichts durchgehen lassen, vor allem den beiden Jungen nicht. Was auch immer sie taten – selbst beim harmlosesten Unfug –, hörte ich ihn sagen: „Das ist nicht in Ordnung! Mama hat schon genug gelitten!"

Er hat mich idealisiert, und dafür kann ich ihm nur danken, doch ich weiß auch um die negativen Auswirkungen dieser Einstellung. Man kann ein Kind nicht daran hindern, sich wie ein Kind zu verhalten, man kann nicht von ihm erwarten, dass es seine Kindheit opfert, um seine Mutter zu schützen. Glücklicherweise ist das meinen Kindern nicht passiert, aber ich bin mir dessen bewusst, dass ich in gewisser Weise eine *unbequeme* Mutter war.

Seit ich öffentlich spreche, war es immer mein oberstes Ziel, die Jugendlichen zu erreichen und in Schulen meine Geschichte zu erzählen. 1990, zu Beginn dieser Reise, herrschte eine tiefe Unkenntnis über den Holocaust. Ich war erstaunt, allerdings nur bis zu einem gewissen Grad, denn es handelte sich tatsächlich um ein Kapitel der Geschichte, das von Nicht-Juden weitgehend verdrängt worden war. Zu viele Jahre hatte die westliche Welt weggeschaut und einfach weitergemacht, auch wenn die aktuellen Ereignisse sie von Zeit zu Zeit zwangen, sich ihrer Verantwortung zu stellen. Einer der ersten Momente, in denen die Öffentlichkeit gezwungen war, sich dieses Grauens zu erinnern, war der Eichmann-Prozess im Jahr 1961, der den Holocaust ins Rampenlicht rückte. Bei dieser Gelegenheit begannen die Unwissenden langsam zu begreifen, was in den Todeslagern geschehen war. Die

Welt war gezwungen, sich diese Geschehnisse bewusst zu machen, und musste mit der Vorstellung leben, dass das Böse existiert und dass es sich dabei um etwas Irdisches, Konkretes und unglaublich Plausibles handelt.

Am 9. Dezember, dem Tag, an dem Adolf Eichmann – der SS-Mann, der die Massendeportationen von Juden und Jüdinnen organisiert hatte – zum Tode verurteilt wurde, aßen wir bei einem Freund zu Abend. Seine Mutter war überzeugte Faschistin, und bei der Nachricht, dass Eichmann hingerichtet werden sollte, sagte sie: „Oh, der Arme!" Das war eine unvergessliche Szene.

Ich kannte diese Frau seit zwanzig Jahren, aber wir hatten nie über etwas Wichtiges gesprochen. Ich schaute ihr in die Augen und sagte: „Ist dir klar, dass du Eichmann gerade ‚arm' genannt hast?"

„Nein, nein!", wich sie aus. „Das meinte ich nicht..."

Sie war kein Nazi. Sie war eine ganz normale Frau. Und doch war es aus ihr herausgeplatzt. D e r A r m e.

Langsam veränderten sich die Dinge. 1978 lief in den USA die Miniserie *Holocaust* im Fernsehen, die der Öffentlichkeit dieses Thema in einer Zeit näherbrachte, als noch niemand über die Shoah sprach. Ich habe nur die ersten paar Minuten gesehen und wollte nicht weiterschauen, zum einen, weil ich noch zu verletzlich war, und zum anderen, weil mir sofort die fiktionalen Elemente auffielen, die mich ärgerten. Das Gleiche passierte mir 1993 mit Steven Spielbergs *Schindlers Liste* und, in noch größerem Maße, 1997 mit Roberto Benignis *Das Leben ist schön*. Benigni, dessen Film weltweit gefeiert wurde, hat nie klargestellt, dass es sich nicht um eine historische Rekonstruktion handelt, sondern um eine Fabel. Er hätte sagen müssen: „Ich habe eine Fabel gedreht." Aber das hat er nicht getan. Es ist bestimmt kein schlechter Film, doch in mancher Hinsicht ist er schrecklich: Der erste Teil ist ganz nett, ein einfacher, kleiner Film, doch im zweiten Teil ist alles furchtbar falsch. Zunächst einmal war es unmöglich, ein Kind im Lager zu verstecken: Sobald es aus dem Zug gestiegen wäre, hätten die SS-Leute es für arbeitsunfähig erklärt und direkt ins Gas geschickt. Ebenso undenkbar war es für einen Mann, seine im Frauentrakt eingesperrte Frau mit einem Megafon zu begrüßen. Dass der Protagonist dann auch noch seinen Sohn zum Essen zu den Kindern der Nazi-Bonzen schickt … Das einzig wirklich Plausible ist der Tod des Vaters. Der Film endet damit, dass das Kind sich selbst rettet und seine Mutter wiederfindet: ein schönes Ende, eine Hymne an das Leben, aber es ist alles unwahr.

Zu oft wurde der Holocaust im Namen der schönen Fiktion trivialisiert. Der Überlebende ist in vielen Romanen, die mir unterkommen, zu einem Klischee geworden: Es gibt immer eine junge Hauptfigur mit einem weisen Großvater, der sich aus dem Todeslager gerettet hat. Oder unser Held hat in seiner Familie ein SS-Opfer. Die Shoah ist zu einem Modethema verkommen, und das ist furchtbar.

Solange es sich um belletristische Werke handelt, kann ich sie tolerieren, obwohl ich sie nicht schätze. Aber es gibt immer mehr Fälle, in denen regelrechte Lügen durch die beständige Wiederholung Teil der gängigen Vorstellung werden und als dokumentierte Wahrheiten durchgehen. Von Zeit zu Zeit höre ich zum Beispiel detaillierte Berichte über die Flucht aus den Konzentrationslagern, Berichte über die Flucht von Deportierten, die die Gefahr nicht fürchteten. Doch wem ist so eine Flucht überhaupt gelungen? Wo war das? Und wie ist das vor sich gegangen? Das sind unglaubliche Lügen! Nach all den Jahren kann man alles Mögliche behaupten, denn in vielen Fällen ist es nicht mehr möglich, die Fakten zu überprüfen, dennoch handelt es sich meistens um kolossale Lügen. In jedem Dorf im besetzten Europa liefen Tag und Nacht Gruppen von Deutschen, Kollaborateuren und Spionen umher, denen nichts entging. Wäre es auch nur einem Gefangenen gelungen, den elektrischen Stacheldraht zu überwinden, den Kugeln der Scharfschützen auf den Wachtürmen, den Hunden, den Fußsoldaten und Motorpatrouillen zu entkommen (was für sich genommen schon unmöglich war), so hätte er nie einen Ort gefunden, an dem er sich hätte verstecken können und in Sicherheit gewesen wäre.

Erst die Berlinguer-Reform[15] im Jahr 2000 – die das Verdienst hatte, die Geschichte des 20. Jahrhunderts in den italienischen Lehrplan aufzunehmen – und die Einführung des Holocaust-Gedenktags 2001 führten zu einer besseren Wahrnehmung der Shoah. In den 1990er Jahren jedoch stieß ich immer noch auf erhebliches Unwissen, nicht nur bei den Jugendlichen, sondern auch bei den Lehrkräften, von denen einige es sogar für unangemessen hielten, eine Überlebende vor Schülern und Schülerinnen sprechen zu lassen: Sie empfanden dies als eine ‚überpolitisierte' Geste, welche die Jugendlichen angeblich zwang, ‚Partei zu ergreifen'.

Diese lächerlichen Anschuldigungen verbargen nur schlecht das beschämende Erbe, mit dem sich Italien immer noch nicht auseinandergesetzt hat. Ich habe meine Geschichte – vor allem vor jüngeren Menschen – nie in der Absicht erzählt, spalten zu wollen. Ich habe mich immer sehr einfach ausgedrückt, mit ruhigen und besonnenen Worten, ich habe niemals Hass gepredigt, nie. Ich will den jungen Menschen keine negative Botschaft vermitteln: weder Hass noch Rache oder die damit verbundene Verzweiflung, denn sie sind das Gegenteil des Lebens. Mir geht es darum, eine Botschaft der Liebe, der Stärke und der Hoffnung zu vermitteln. Das ist meine Mission, und ich bedaure, dass ich sie nicht schon früher angenommen habe. Denn dann hätte ich mehr Zeit, mehr Energie und die Möglichkeit gehabt, mehr Menschen zu erreichen, insbesondere die der jüngeren Generationen.

Die jungen Leute fragen mich oft, ob ich als eine der wenigen Überlebenden jemals Schuldgefühle hatte gegenüber den vielen, die es nicht geschafft haben. Die Antwort ist immer die gleiche: Nein, ich habe nie Gewissensbisse gehabt, nicht aus diesem Grund. Ich würde mich schuldig fühlen, wenn ich meinen Mitgefangenen Schaden zugefügt oder im Lager irgendwelche Privilegien genossen hätte. Aber ich habe nie jemandem Unrecht getan, und Privilegien waren das Letzte, was ich erwarten konnte. Ich bin ‚zufällig' am Leben geblieben, nicht durch List oder Bosheit.

Ich bin davon überzeugt, dass jeder seine Verabredung mit dem Tod hat, und ich selbst habe sie unzählige Male um Haaresbreite verpasst. Im Lager war ich fast anderthalb Jahre tagtäglich dem Tod nahe. Und gerade weil ich verschont geblieben bin, wurde mir klar, dass ich mein Leben nicht selbstsüchtig auf dem Sofa verbringen kann. Als junges Mädchen habe ich Auschwitz als eine private Tragödie angesehen, doch mit der Zeit – als der Welt und mir selbst die kollektive Bedeutung dieser Katastrophe klar wurde – konnte ich nicht länger schweigen.

Es gibt nur eine Episode, die mich mein ganzes Leben lang verfolgt hat und von der ich bei meinen Begegnungen mit jungen Menschen immer wieder erzähle. Einige Monate lang wurde ich in den Unionwerken einer Französin namens Janine als Zuarbeiterin unterstellt. Sie war etwa zehn Jahre älter als ich und arbeitete an einer der Maschinen, die Eisen stanzten. Ich verbrachte den ganzen Tag an ihrer Seite, und obwohl es verboten war, gelang es uns, ein paar Worte zu wechseln. Sie war blond und blauäugig, hübsch, süß, sehr freundlich und sprach ein gebildetes Französisch.

Eines Tages schnitt ihr die Maschine unglücklicherweise fast zwei Finger vollständig ab. Sie schaffte es irgendwie, sich selbst zu verarzten und überlebte, bestand aber die nächste Selektion nicht und wurde in die Gaskammer geschickt. Ich werde diesen Augenblick nie vergessen. Ich hatte gerade die Selektion überstanden, und sie war hinter mir. Ich hörte, wie man sie aufhielt und wegbrachte, doch ich drehte mich nicht um. Ich drehte mich nicht um, um sie zu verabschieden, ich sagte nicht einmal „Gott segne dich", „Sei stark", kein einziges Wort ... nicht einmal nur „Janine!" Ich kehrte zu meinem üblichen Tagesablauf zurück, und am nächsten Morgen war ein anderes Mädchen da, das an ihrer Stelle das Eisen stanzte.

Achtzig Jahre sind seitdem vergangen, und ich schäme mich noch immer dafür. Deshalb war ich sehr froh, als die Stadt Arezzo, inspiriert durch einen Bericht, 2012 einen Wettbewerb mit dem Titel „Dreh dich um, Janine lebt!" ausschrieb. Diese Initiative fordert junge Menschen dazu auf, über die Momente nachzudenken, bei denen man nicht hinsieht und das Leiden anderer ignoriert. Die Jugendlichen sollen ermutigt werden, dieses Gefühl der Gleichgültigkeit zu überwinden und sich dem Schmerz zu stellen. Inzwischen ist die Initiative auch in anderen italienischen Städten angekommen, was mich sehr gefreut hat, denn sie ist eine Möglichkeit, das Andenken an ein Mädchen zu ehren, das es nicht geschafft hat. Doch damit will ich mich keinen überzogenen Illusionen hingeben. Ich weiß tief in meinem Herzen, dass meine Schuld gegenüber Janine nie beglichen werden wird.

Nach Alfredos Tod war ich versucht, meinen Einsatz als Zeitzeugin aufzugeben. Ich hatte das Gefühl, dass ich nicht mehr die Kraft und den Mut dazu hatte: Die Sorge um meinen Mann und seine Krankheit beherrschte in jenen Jahren mein Leben. Nachdem er gestorben war und ich in unser leeres Zuhause zurückkehrte, fühlte ich mich sehr viel schwächer. Nach meinen Veranstaltungen hatte er immer auf mich gewartet und sich Sorgen um mich gemacht. Jedes Mal hatte er mich gefragt: „Liebes, wie ist es gelaufen?“

Doch angespornt durch unablässige Einladungen fasste ich wieder Mut und machte weiter. Denn mit jedem Jahr gibt es immer weniger von uns Zeitzeugen, und bald wird es niemanden mehr von uns geben.

16

ZURÜCK ZU DEN WURZELN

Ich stamme aus einer säkularen Familie, in der jüdische Traditionen und Rituale keine Bedeutung hatten. Doch die Zwangstaufe, der ich mich unterziehen musste, in der Hoffnung, meine Herkunft auszulöschen und mein Leben zu retten, machte mir bewusst, wie sehr meine Geschichte als Jüdin nach Gerechtigkeit verlangte.

Kurz darauf konvertierte die gesamte Familie Segre, wenn auch widerwillig, zum Katholizismus. Denn nach meiner Taufe hörten wir vom Erlass eines Gesetzes, nach dem die Angehörigen der dritten Generation von Getauften, selbst wenn sie jüdischer Abstammung waren, enorme Vorteile genießen würden. So kam es, dass die Segres, zuerst mein Vater und später meine Großeltern, sich mir zuliebe taufen ließen.

Mein Vater ließ die Taufe in Modena über sich ergehen, obwohl er mehr als einmal zugegeben hatte, dass sein Übertritt nicht durch den Glauben, sondern durch den Wunsch, mich zu beschützen, motiviert war.

„Es ist mir egal, ob Sie ungläubig sind, ich taufe Sie für das Seelenheil Ihres Kindes", sagte der Pfarrer des Ortsteils Cittanova, der von meinem Vater immer wieder den ‚Zehnten' der Ernte eines Stücks Land erhalten hatte, das er in dieser Gegend besaß.

Dem Beispiel meines Vaters folgend, konvertierten auch meine Großeltern, immer in der Hoffnung, dass ich wie eine ‚normale'

Bürgerin behandelt werden würde. Sie hätten dies nie getan, wenn sie es nicht für notwendig gehalten hätten, um mich zu schützen. Großvater Pippo war Atheist, während Großmutter Olga eine ganz einfache Frau war, die sich um die Religion nicht scherte. Beide beschlossen, sich taufen zu lassen, nachdem sie einen Priester kennengelernt hatten, der meinen Großvater in der akuten Phase seiner langen Krankheit immer wieder besuchte.
Meine Großeltern mütterlicherseits, die Foligno, waren dagegen viel unnachgiebiger. Meine hypothetische Errettung war für sie keinen Konfessionswechsel wert. Sie haben diese Starrheit nie abgelegt und später sogar meine Heirat mit Alfredo missbilligt, weil er katholisch war.
Diese späte Taufe rettete jedoch keinen meiner Angehörigen. Ironischerweise wurden die Verwandten gerettet, die dem jüdischen Glauben treu blieben, während jene, die das nicht taten, in Auschwitz starben.

Mein ganzes Leben lang waren der jüdische und der katholische Teil in mir immer miteinander verwoben. Um diese große Verwirrung zu bewältigen, habe ich mich mit vielen Menschen unterhalten, mit Rabbinern und Priestern, darunter auch Kardinal Martini. Anstatt mich für einen Glauben zu entscheiden, hat mich dieser Dualismus vielmehr dazu gebracht, überhaupt nicht zu glauben. Eines Tages sagte ich zu Rabbi Laras: „Ich habe bereits meine Märtyrer und meine Heiligen: vor allem meinen Vater, trotz aller Vorwürfe, dass er mich weder katholisch noch jüdisch erzogen hat. Wie kann man in so einem Zustand leben? Wie kann man ohne eine Identität aufwachsen und alt werden?" Laras antwortete mit denselben Worten, die Kardinal Martini benutzte, als ich ihm dieselbe Frage stellte: „Sie sind Sie, machen Sie sich keine Gedanken." Und noch heute hilft mir diese Bestätigung, mich nicht von der Last meiner Andersartigkeit erdrücken zu lassen.
Obwohl ich nur wenige Gewissheiten habe, bin ich von einer Sache überzeugt: Ich komme gut mit allen zurecht und mit

niemandem. In jüdischen Kreisen werde ich trotz meiner Taufe und meiner Heirat mit einem Katholiken akzeptiert, weil ich eine Überlebende bin. Für die katholische Welt hingegen sind weder Taufe noch Heirat ein Freibrief: Für die Katholiken werde ich immer die ‚jüdische Freundin' sein.

Tatsächlich finde ich mich als Agnostikerin in keiner der beiden Welten vollständig wieder: weder in der jüdischen noch in der katholischen. Ich gehe nicht in die Synagoge, ich weiß nicht einmal, wann die jüdischen Feiertage sind, und ich habe meine Kinder nicht religiös erzogen, auch wenn ich sie aus Liebe zu Alfredo habe taufen lassen. Manchmal unterhalte ich mich mit jemandem, der mich davon zu überzeugen versucht, dass es gut für mich wäre, mein Judentum auf eine andere, aktivere Weise zum Ausdruck zu bringen, indem ich öffentlich Stellung beziehe oder der Gemeinde beitrete. Aber ich bin nicht gläubig, außerdem habe ich mich schon als junges Mädchen als ‚zufälliges Opfer' betrachtet. Die jüdischen Traditionen waren meiner Familie so fremd, dass ich es seltsam fand, im Unglück mit Menschen vereint zu sein, für die die Religion eine entscheidende Rolle spielte. Der Glaube ermöglichte es vielen, das Leben im Lager zu ertragen, aber er konnte nicht mein Rettungsring sein, da ich mich nicht zu denen gehörig fühlte, die in Auschwitz die Feiertage begingen oder sogar noch dort rituelle Fastenzeiten einhielten.

Heute, in meinem Alter, beneide ich alle, die etwas haben, woran sie glauben können, denn auch ich würde gern einen Glauben haben und wissen, was mich nach dem Tod erwartet. Aber ich bin leider nicht gläubig. Ich weiß nicht, was ich bin, und ich glaube, man muss sehr stark sein, um nichts zu sein.

Einen Priester oder einen Rabbiner zu haben, dem man seine Ängste anvertrauen kann, wäre eine große Erleichterung: Ich habe sowohl gläubige Menschen sterben sehen als auch solche, die an nichts glaubten.

In den vielen Phasen meines Lebens habe ich versucht, mich an das junge Mädchen von damals zu erinnern, an meine Jugendzeit im Lager. Ich erinnerte mich an diese Erfahrungen nach meiner Befreiung, während meiner schwierigen Rückkehr zur Normalität, in meiner neuen Rolle als Ehefrau und Mutter, im Schatten der Depression und als ich den Mut fand, in die Öffentlichkeit zu gehen. Ich erinnerte mich an das junge Mädchen in den verschiedenen Altersstufen und verschiedenen Stimmungen und letztendlich entdeckte ich immer eine andere Person. Sie war so anders, dass ich mir erst heute der Gefahr der Dissoziation bewusst bin, die diese Übung mit sich bringt: Indem ich zurückdachte, lief ich Gefahr, nicht mehr ich selbst zu sein.

Das Nachdenken über die Erfahrung des Lagers hat für jemanden wie mich, die das alles am eigenen Leib erfahren hat, einen hohen Preis: Es wird immer schwieriger, mental in den Alltag zurückzukehren. Mit so einer Geschichte in einem drin, ist es schwierig, zu wachsen, zu reifen und alt zu werden. Denn wenn ich versuche, diese Geschichte zu erzählen, habe ich den Eindruck, dass ich mich von der Person entferne, die all das erlebt hat. Doch gleichzeitig ist eine Distanzierung auch notwendig, um als Zeitzeugin auftreten zu können.

Diese Distanzierung spüre ich vor allem gegenüber meinem Vater, den ich nicht habe altern sehen, während die Erinnerung an ihn in mir seltsamerweise mütterliche Gefühle weckt. Dann denke ich an das Mädchen zurück, das ich war, ein Mädchen, dessen Kinder heute älter sind als ihr eigener Vater bei seinem Tod. Wie hat dieses junge Mädchen überleben können?

Die Erfahrung des Lagers als ‚Tochter' gemacht zu haben, erleichtert mich auf eine seltsame Weise. Ich kann mir nicht einmal vorstellen, wie erschütternd es gewesen wäre, dies als ‚Mutter' oder als ‚Großmutter' zu erleben. Wie haben mein Vater und meine Großeltern nur die Vorstellung verkraftet, dass ich verhaftet, verängstigt, inhaftiert, deportiert, allein und abgemagert war? Wenn ich überlebt habe und nicht verrückt geworden bin, dann deshalb, weil ich die Last solcher Gefühle nicht tragen musste. Als meine Tochter Federica dreizehn wurde – so alt wie ich zum Zeitpunkt der Deportation –, dachte ich darüber nach, wie ich reagiert hätte, wäre ihr das gleiche Schicksal widerfahren. Allein bei dem Gedanken, als ‚Mutter' in so einer Situation zu sein, überkam mich ein unerträglicher Schmerz.

Im Lager zu überleben, war nur dadurch möglich, allein unter so vielen Menschen zu sein.

In diesem Zusammenhang hatte ich einen sehr interessanten Briefwechsel mit Primo Levi: Ich hatte *Ist das ein Mensch?* in der zweiten Auflage der Einaudi-Ausgabe von 1958 gelesen und wusste nicht, ob seine Geschichte vollkommen wahr oder fiktionalisiert war, also schrieb ich ihm. Ich bat ihn auch um mehr Informationen über Alberto, seinen Freund und Mitgefangenen in Auschwitz, da ich zu denken wagte, dass er mein Vater sein könnte. Primo antwortete kühl, dass sein Freund Alberto mit Nachname Finzi hieß und er nie von meinem Vater gehört habe.

Als er 1986 sein letztes Buch *Die Untergegangenen und die Geretteten*[16] veröffentlichte, war ich bei der Lektüre beunruhigt: Primo Levi fühlte sich schuldig, weil er überlebt hatte, und auf diesen Seiten geht er gnadenlos mit den Geretteten um, zu denen er selbst gehörte. Also habe ich ihm erneut geschrieben:

„Lieber Freund, Ihr Buch hat mich schockiert, denn ich bin wie Sie eine Gerettete, aber von diesem Moment an weiß ich, dass ich eine Untergegangene bin, denn man kommt nie aus Auschwitz heraus." Bei dieser Gelegenheit antwortete er mir angemessener: In dem Brief, den ich leider verloren habe, analysierte er das Wesen der Geretteten und der Untergegangenen, wobei er das Thema seines Buchs ad usum für mich wiederholte und schloss: „Meine liebe Freundin, für uns gibt es nichts, was wir tun können, wir sind alle untergegangen durch das, was uns widerfahren ist, und es gibt für niemanden eine Rettung." Dies war unser letzter Kontakt; einige Zeit später nahm er sich das Leben. Diese Tat überraschte mich nicht, denn sie schien mir die dramatische, logische Konsequenz einer so düsteren Sicht auf das Dasein. Mir wurde klar, dass Primo und ich zwei entgegengesetzte Wege eingeschlagen hatten: Ich könnte niemals Suizid begehen, weil ich in Auschwitz war. Ich könnte es tun, wenn meiner Familie, meinen Enkeln oder meinen Kindern etwas zustoßen würde. Aber Auschwitz hat nicht mehr diese Macht über mich.

Vielleicht hat sich mein Vater das Leben genommen, indem er sich in den elektrischen Stacheldrahtzaun geworfen hat, doch irgendetwas sagt mir, dass er es nicht getan hat. Ich hatte immer das Gefühl, dass das Einzige, was ihn am Leben hielt, die schwache Hoffnung war, mich wiederzusehen, obwohl es für ihn schwer gewesen sein muss, zu glauben, dass ich durchkommen und eines Tages – jetzt im Alter – die Geschichte von uns beiden erzählen würde.

Ich habe immer versucht, meinen Vater zu beschützen: Ich habe ihm meine Verzweiflung nicht gezeigt, ich habe gelächelt, auch wenn es mir schwerfiel, selbst bei unserem letzten Abschiedsgruß. Mein Vater war ein Mann, den man beschützen musste.

Nach meiner Rückkehr träumte ich fünf oder sechs Jahre lang von ihm. Es war immer derselbe Traum.

Mein Vater hatte seine ganz eigene Art, an der Tür zu klingeln. Es war ein kleines, sanftes Geräusch, ein ganz und gar nicht aufdringliches „D i n g ! “. Lautes Sturmklingeln war nicht seine Sache. Wenn ich diesen leisen Ton hörte, wusste ich, dass er es war, und rannte los, die Tür zu öffnen.

Jahrelang habe ich von diesem „ D i n g ! “ geträumt. Ich stürzte zur Tür und da stand er vor mir, groß, als würde ich mit meinen Kinderaugen zu ihm hochblicken. Ich sagte: „Papà! Ich mache immer noch die Tür für dich auf, weil ich die Klingel höre, aber es ist nur ein Traum!“ Doch er stand weiter vor mir, auf der Türschwelle unserer Wohnung auf dem Corso Magenta. „Oh, wie schön!“, sagte ich zu ihm. „Es war nicht nur ein Traum!“ Und dann wachte ich auf.

Er starb am 27. April 1944. Er hatte drei Monate in Auschwitz überlebt, länger als ich dachte. Vor ein paar Jahren fasste ich Mut und ging allein zum CDEC, um es herauszufinden.

Ich war nie wieder in Auschwitz. Ich bin einmal mit klarem Verstand dort herausgekommen und möchte das Schicksal nicht überstrapazieren, indem ich noch einmal durch dieses Tor gehe. Jeder hat seine Grenzen. Wer unter Höhenangst leidet, kann keinen Wolkenkratzer besteigen, und vielleicht ist meine Höhenangst Auschwitz. Inzwischen habe ich mich damit abgefunden, aber ein Gedanke macht mich immer noch traurig: Ich werde nie ein Grab haben, an dem ich um meinen Vater und meine Großeltern trauern kann, denn ihre Asche wurde vom Wind in den Himmel von Auschwitz getragen.
Ich spreche kein Deutsch, ich habe es verdrängt und kann es immer noch nicht ertragen, wenn es gesprochen wird.
Ich habe keinen Frieden mit Deutschland schließen können und hege schreckliche Gefühle gegenüber den Deutschen, obwohl sie viel für die Erinnerung getan haben.
Leider erlebt Europa seit einigen Jahren einen Anstieg des Antisemitismus, der nie ganz abgeklungen ist, wobei in Frankreich und England die Holocaustleugner am tiefsten verwurzelt sind.
In Italien hingegen behielten nach der Befreiung fast alle faschistischen Beamten ihre Posten in den Ministerien. Im Vergleich zu anderen europäischen Ländern haben wir das Problem des Leugnens nicht so stark zu spüren bekommen, obwohl es Leute gibt, die die Aussagen der Überlebenden untersuchen, um Ungereimtheiten zu finden. Die Wurzel dieses Phänomens – das glücklicherweise eher selten vorkommt – liegt in der Tatsache, dass einige Zeugen im Laufe der Jahre viel zu ihrer Geschichte dazuerfunden haben. Lügen ist Teil der menschlichen Natur, ebenso wie der kleinliche Wunsch nach Aufmerksamkeit, aber diese Leute haben der Erinnerung an den Holocaust großen Schaden zugefügt.
Nur selten treffe ich auf nostalgische Faschisten. Zum Glück kommt das nicht mehr so häufig vor, aber in den Jahren, als Mailand von der Lega regiert wurde, war es nicht ungewöhnlich, einen Taxifahrer sagen zu hören: „Ach, unter Mussolini … da herrschte Ordnung und allen ging es besser.“ Meistens handelte

es sich dabei um sehr ungehobelte und unwissende Leute, also ließ ich sie reden, doch wenn ich das Gefühl hatte, dass mein Gesprächspartner mich verstehen könnte, erwiderte ich: „Hören Sie, das stimmt nicht." Und wenn der Taxifahrer sich interessiert zeigte, erklärte ich ihm auch, warum.

Schrecken wie die des Nationalsozialismus und des Faschismus sind nicht entstanden, weil eine Armee mit brutaler Gewalt einer widerspenstigen Bevölkerung ihre Regeln aufzwang. Hitler und Mussolini konnten ihre jeweiligen Länder nur deshalb beherrschen, weil sie auf die Unterstützung und Komplizenschaft eines großen Teils der Deutschen und der Italiener zählen konnten. Deshalb ist es auch heute noch wichtig, die Menschen aufzuklären und die Erinnerung an das Unrecht wach zu halten, das ganze Nationen in der Vergangenheit begangen haben. Das ist keine leichte Aufgabe, denn es ist alles andere als einfach, mit jemandem zu reden, der – ohne den Faschismus erlebt zu haben – das 20. Jahrhundert als das goldene Zeitalter bezeichnet.

Als die Rassengesetze in Kraft traten, war ich noch zu jung, um zu begreifen, wie sehr die breite Bevölkerung den Faschismus tolerierte, selbst in seiner grausamsten und zerstörerischsten Phase. Ich begriff es damals nicht, ich hörte nur das Gerede im Haus: „Man muss sich vor diesem Kerl in Acht nehmen ... er ist ein Spitzel ..." Und in der Tat, obwohl Papà eine Erklärung des Polizeipräsidiums von Como eingeholt hatte, die theoretisch meinen Großeltern hätte Sicherheit verschaffen sollen, genügte den Deutschen der Hinweis eines Informanten, um sie zu verhaften. Das erfuhr ich sechzig Jahre später, als ich zu einem Vortrag nach Inverigo eingeladen wurde. Im Dorf gab es noch einige alte Leute, die sich an alles erinnerten, und ich erfuhr auch die Einzelheiten der Gefangennahme meiner Großeltern und wie Susanna ihnen bis zum letzten Moment beigestanden hatte. Sie hatte sie zum Lastwagen der Deutschen begleitet, wo sie erlebte, wie mein Großvater von den Soldaten geschlagen wurde, weil er – wegen seiner Parkinson-Erkrankung – nicht ruhig bleiben konnte.

Ich erfuhr auch den Namen der Person, die sie verraten hatte. Er war Faschist und kassierte für jeden an die Deutschen verratenen Menschen 5.000 Lire, was damals eine beträchtliche Summe war. In der Nachkriegszeit wurde er von der Justiz im Schnellverfahren verurteilt. Er wurde hingerichtet, weil er neben meinen Großeltern zwei junge Partisanen denunziert hatte, die sich in der Gegend versteckt hatten. Er war kein mächtiger Mann, sondern ein Italiener wie viele andere, und das ist es, was mich erschreckt, mich zum Nachdenken bringt und mich antreibt, meine Arbeit als Zeitzeugin fortzusetzen. Wenn eine Gesellschaft es akzeptiert, dass Menschenleben gegen Geld verkauft werden können, bedeutet dies, dass sie auf ein Niveau absoluter Verrohung herabgesunken ist. Denn ein völlig abgestumpftes Volk, das sich an das Grauen gewöhnt hat, ist immer bereit, ein Auge zuzudrücken, den Hilferuf eines leidenden Bruders zu ignorieren und das Vertrauen eines Nachbarn zu missbrauchen.

Seit Jahren werde ich gefragt: „Wie konnte das geschehen?“ Ich antworte mit immer demselben Wort:

Gleichgültigkeit.

Alles beginnt mit diesem Wort. Die Schrecken von gestern, heute und morgen gedeihen im Schatten dieses Wortes. Deshalb wollte ich, dass es im Vorraum der Shoah-Gedenkstätte in Mailand eingemeißelt wird, dem Bahnsteig 21 des Hauptbahnhofs, von dem aus so viele Züge in die Vernichtungslager gingen, darunter auch meiner.

Der Schlüssel, um die Gründe für das Böse zu verstehen, ist in diesen vier Silben enthalten. Denn, wenn man glaubt, dass einen etwas nicht berührt, dass es einen nicht betrifft, gibt es keine Grenzen für das Grauen. Es ist, als würde man einen Schiffbruch aus sicherer Entfernung beobachten. Es spielt keine Rolle, wie groß das Schiff ist oder wie viele Menschen an Bord sind: Das Meer verschlingt es, und einen Moment später ist alles wieder wie vorher. Keine Welle zeigt sich auf der Oberfläche, kein Kräuseln. Es bleibt nur eine unbewegliche Fläche aus Salzwasser.

Ich musste alt werden, um mich als Jüdin wiederzuentdecken und meine Wurzeln wiederzufinden.
Nach meiner Rückkehr aus Auschwitz habe ich ein halbes Jahrhundert gelebt, ohne viel von meiner Geschichte zu erzählen. Jahrelang war ich eine Außenseiterin, die verzweifelt versuchte, am Leben zu bleiben, und die das Gefühl hatte, dass die Banalität des Daseins die Ungeheuerlichkeit dessen, was ich erlitten hatte, nicht begreifen konnte.
Dann traf ich Alfredo und beschloss, mich von ihm lieben und neu erschaffen zu lassen. Er machte aus mir eine glückliche Frau. Ich wurde eine andere Liliana, im Zentrum einer beruhigenden Welt voller Liebe. Ich hatte Kinder, ein komfortables Zuhause, einen guten Lebensstandard und Menschen, die mich liebten. Aus dieser Welt der klaren Grenzen wurde die Erinnerung an das Lager verbannt. Diese Erinnerung tauchte von Zeit zu Zeit in mir auf, wachgerufen durch Details in der Gegenwart. Ich begrub sie tief in mir, denn ich hatte mich für das Leben entschieden und wollte einfach die Liliana sein, die ich mit Alfredo geworden war.
Die Depression und der lange innere Aufruhr, der damit einherging, machten mir schließlich klar, dass ich mich dieser Vergangenheit nicht nur stellen, sondern sie auch teilen musste. Und so begann ich zu reden. Nicht sofort, es hat Jahre gedauert, ich habe allein nachgedacht und überlegt, schließlich fand ich den richtigen Ton und die richtige Stimme. Und so erzählte ich.
Jedes Mal, bevor ich anfing, spürte ich eine enorme Last. Wenn ich fertig war, fühlte ich mich leer und müde. Aber ich fühlte mich nie völlig erleichtert. Das, was ich erzählte, war nicht nur mir passiert, es gab auch andere, schreckliche Verluste, vor allem die meines Vaters und meiner Großeltern, und die von sechs Millionen Männern, Frauen und Kindern, deren einzige Schuld darin bestanden hatte, geboren worden zu sein.

Die Entscheidung zu erzählen war, als würde ich die Enttäuschung dieses achtjährigen Mädchens in meinem Leben annehmen, das aus seiner Welt ausgeschlossen worden war. Und mit ihr auch mein Jüdischsein. Ich bekenne mich immer noch dazu, Agnostikerin zu sein, keinen Glauben zu haben. Doch das Judentum akzeptiere ich nun als Teil von mir. Wenn ich es früher von mir weggeschoben habe, weil ich jemand anderes sein wollte, so gehört es jetzt zu dem, was ich bin. Aus dem jüdischen Kind, das kaum wusste, dass es jüdisch ist, wurde eine jüdische Frau, die sich entschieden hat, die Last und Verantwortung der Erinnerung auf sich zu nehmen. Eine Erinnerung, die leider fast nur den Überlebenden, den Opfern anvertraut wurde. Auf ihnen lastet die Pflicht, die Wahrheit zu verteidigen.

Ich habe versucht, durch Schweigen zu vergessen, dass ich Jüdin war, doch heute weiß ich, dass das nicht möglich ist. Man kann nicht aufhören, Jüdin zu sein.

1 Im Original hervorgehobene Begriffe werden in der Übersetzung g e s p e r r t wiedergegeben. Wörter und Sätze, die im Original auf Deutsch erscheinen, werden in der Übersetzung *kursiv* wiedergegeben.

2 Università Commerciale Luigi Bocconi, die private Wirtschaftsuniversität Luigi Bocconi in Mailand, gegründet 1902.

3 Auch Zwölfte Isonzoschlacht, die vom 24. bis 27. Oktober 1917 während des Ersten Weltkriegs in den Alpen tobte.

4 Am 23. März 1919 versammelte Benito Mussolini seine Anhänger in einem Gebäude an der Piazza San Sepolcro in Mailand. Dort gründeten sie die politische Bewegung der Fasci italiani di combattimento, der Faschistischen Kampfbünde Italiens.

5 ‚Wolfssöhne', faschistische Organisation für Kinder zwischen sechs und acht Jahren.

6 ‚Kleine Italienerinnen', faschistische Mädchenorganisation für die Acht- bis Vierzehnjährigen. Die Teilnahme war obligatorisch.

7 Kriegserklärung Mussolinis, Rom, 10. Juni 1940. In: *Storia XXI secolo*, o. D. http://www.storiaxxisecolo.it/fascismo/fascismo10a.htm (Zugriff am 08.05.2024).

8 Mussolini wurde vom Großen Rat des Faschismus abgesetzt.

9 Primo Levi: *Ist das ein Mensch?*, aus d. Ital. v. Heinz Riedt. München: dtv 2008, S. 21.

10 Am 17. August 1944 wurden einundzwanzig alte Menschen aus der Casa Israelitica di Riposo, dem jüdischen Altersheim im Ghetto von Venedig, verhaftet und deportiert. Sie starben in den Lagern der Nazis.

11 Levi: *Ist das ein Mensch?*, S. 24.

12 KZ Uckermark, auch ‚Jugendschutzlager Uckermark' der Gemeinde Ravensbrück. Nach April 1945 diente es als Sterbe- und Selektionslager für Frauen aus dem KZ Ravensbrück.

13 Primo Levi: *Atempause*, aus d. Ital. v. Barbara Picht / Robert Picht. Hamburg: Wegner 1964.

14 Stofffabrik der Familie Segre, von Giuseppe Segre, dem Großvater von Liliana Segre, 1897 in Mailand gegründet.

15 Schulreform durch den Bildungsminister Luigi Berlinguer.

16 Primo Levi: *Die Untergegangenen und die Geretteten*, aus d. Ital. v. Moshe Kahn. München: dtv 2015.

AUS DEM FOTOALBUM VON LILIANA SEGRE

Mein Vater Alberto Segre. Er wurde im Dezember 1899 geboren. Als überzeugter Antifaschist war er ein Mann von großer Sanftmut und Sensibilität.

Meine Mutter Lucia Foligno. Sie starb im Alter von sechsundzwanzig Jahren, als ich elf Monate alt war.

Papà ist nie über den Tod seiner Frau hinweggekommen. Diese Wunde hat seine ohnehin schon ausgeprägte Sensibilität noch weiter verstärkt. Als er mit einunddreißig Jahren Witwer wurde, beschloss er, sein Leben mir zu widmen.

Links: Großvater Pippo Segre und ich im Jahr 1933. Für mich war er ein außergewöhnlicher Mann, voller Leben und Erfindungsreichtum.
Rechts: Meine Großmutter Bianca Foligno war groß, elegant und hatte wunderbare weiße Haare. Sie war mein Vorbild: eine fantasievolle Königin und immer bereit, mit mir zu spielen.

Links:
In Celle Ligure
im Jahr 1933.

Unten:
In den Bergen
bei Mendola im
August 1936.

Papà und ich 1936 bei einem Spaziergang im Castello Sforzesco in Mailand.

Links:
Im Jahr 1938 in Premeno, in der Nähe des Lago Maggiore, erlebte ich meinen letzten glücklichen Sommer.

Unten:
Rapallo, April 1939. Mit Onkel Amedeo, Tante Enrica und Papà, aufgenommen, als er gerade mit mir schimpfte.

1943 war ich dreizehn Jahre alt. Im Oktober des vorangegangenen Jahres war ich mit meiner Familie nach Inverigo, einem kleinen Dorf in der Brianza, evakuiert worden.

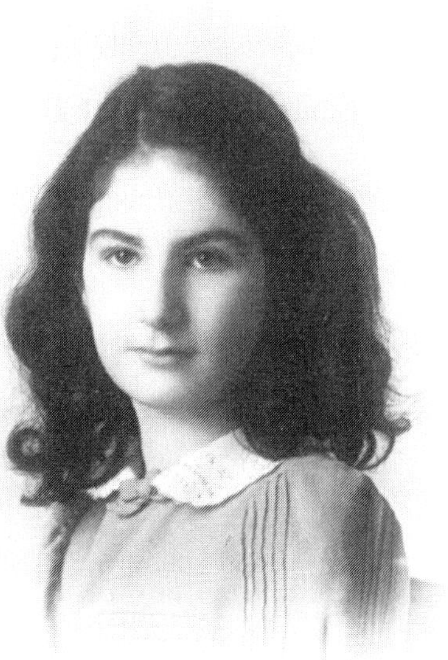

In jenem Jahr legte ich die Prüfungen der siebten Klasse bei den Marcelline ab, die nach Grandola am Comer See evakuiert worden waren.

Juli 1948. In diesem Sommer lernte ich Alfredo kennen, der später mein Ehemann werden sollte.

Mailand, 1949. Alfredo und ich in der Zeit unserer Verlobung.

Rechts:
Wir haben 1951 geheiratet. Delia Civelli, die Tochter von Paolo und Tullia Civelli – die mich vor unserer Verhaftung in Castellanza beherbergt und versteckt hatten – war unser Blumenmädchen.

Unten:
Mit Präsident Giorgio Napolitano im Januar 2007 nach seiner Rede an der Gedenkstätte Memoriale della Shoah, dem „Gleis 21" in Mailand.

ANHANG

REDEN VON LILIANA SEGRE (2018–2019)

GESCHICHTE KANN NICHT AUSGELÖSCHT WERDEN

Es gibt ein Spiel, das Kinder spielen,
ohne zu wissen, wie grausam es ist.
Sie beschließen, dass einer von ihnen unsichtbar sein muss.
Und kein Schrei kann sie erschüttern.
Der Ausgeschlossene ruft: He, ich bin hier, seht mich an!
Doch die anderen reagieren nicht,
sie tun so, als ob sie ihn nicht sehen oder hören.
Das ist es, was ich erlitten habe.
Die Unsichtbarkeit.

Die rassistische Gewalt ist heute
ein Fluss ohne Ufer,
das Produkt eines kollektiven Wahnsinns
geschickt genährt
von jenen, die Hass säen.
Junge Menschen müssen wissen,
was wirklich passiert ist:
Nur so kann gegenwärtige
und künftige Gewalt eingedämmt werden.
Ich spüre diese Dringlichkeit als Senatorin,
aber auch als Großmutter.

DIE AUFGABE, ZU ERINNERN

Herr Präsident, Herr Ratspräsident, liebe Kolleginnen und Kollegen, da ich zum ersten Mal in diesem Haus das Wort ergreife, kann ich nicht umhin, dem Präsidenten der Republik, Sergio Mattarella, meinen Dank auszusprechen. Er hat beschlossen, den 80. Jahrestag des Inkrafttretens der Rassegesetze von 1938 mit einer überraschenden Entscheidung zu begehen: Er hat eine alte Dame zur Senatorin auf Lebenszeit ernannt, eine der ganz wenigen Überlebenden, die in Italien noch leben und die Auschwitz-Nummer auf dem Arm tragen.

Sie trägt die Auschwitz-Nummer auf ihrem Arm und hat die Aufgabe, nicht nur zu erinnern, sondern in gewisser Weise auch jenen eine Stimme zu geben, die vor achtzig Jahren keine hatten; jenen 40.000 Italienern und Italienerinnen, die der kleinen jüdischen Minderheit angehörten und die Demütigung erlitten, aus Schule, Beruf und Gesellschaft vertrieben zu werden. Sie wurden Opfer dieser Verfolgung, die der italienischen Shoah von 1943 bis 1945 voranging und die leider auch ein italienisches Verbrechen war, ein Verbrechen des italienischen Faschismus.
Vor allem sollte man idealerweise den vielen eine Stimme geben, die im Gegensatz zu mir nicht aus den Vernichtungslagern zurückgekommen sind, die getötet wurden, einzig und allein, weil sie geboren worden waren, die kein Grab haben, die Asche im

Wind sind. Sie vor dem Vergessen zu bewahren, bedeutet nicht nur, eine historische Schuld gegenüber unseren Mitbürgern von damals zu begleichen, sondern auch den Italienern von heute zu helfen, gegenüber der Ungerechtigkeit und dem Leid, die uns umgeben, nicht gleichgültig zu werden. Sie dürfen nicht abstumpfen, sollten wachsamer sein und sich der Verantwortung bewusstwerden, die jeder Mensch gegenüber anderen hat.

In diesen Vernichtungslagern wurden neben den Juden auch andere Minderheiten ausgelöscht. Unter ihnen möchte ich heute an die Angehörigen der Sinti und Roma erinnern, die als Gefangene zunächst unseren Neid erregten, weil die Familien in den Baracken zusammenblieben. Doch bald folgte dem Neid das Entsetzen, denn eines Nachts wurden sie alle vergast und am nächsten Tag herrschte in den leeren Baracken eine gespenstische Stille.

Deshalb begrüße ich voller Überzeugung den Appell, den Professor Melloni[1] heute in *La Repubblica* an mich gerichtet hat. Ich weigere mich zu glauben, dass unsere demokratische Zivilisation heute durch spezielle Gesetzespläne gegen Sinti und Roma beschmutzt werden könnte. Sollte dies geschehen, werde ich mich mit aller mir verbleibenden Energie dagegen wehren. Ich werde mich als Senatorin zur Verfügung stellen, wohl wissend, dass ich politisch völlig unerfahren bin, und vertraue daher auf die Geduld, die alle gegenüber einer älteren Großmutter wie mir aufbringen werden. Ich werde versuchen, einen bescheidenen Beitrag zur parlamentarischen Arbeit zu leisten, wobei ich mich von dem inspirieren lasse, was ich gelernt habe. Ich kenne die Lebensbedingungen von Illegalen und Asylbewerbern; ich kenne das Leben im Gefängnis; ich kenne die Arbeit, da ich als Kind in einer an das Todeslager angegliederten Fabrik Sklavenarbeit verrichten musste. Da ich nie eine Parteizugehörigkeit hatte, werde ich meine Arbeit als Senatorin ohne Fraktionszwang ausüben und lediglich meinem Gewissen gehorchen.

Nur einer einzigen Überzeugung werde ich folgen: der Treue zu den lebensnotwendigen Grundsätzen und den fortschrittlichen Programmen, die in der republikanischen Verfassung verankert

und zum großen Teil noch nicht umgesetzt sind. In diesem Sinne glaube ich, dass es am besten zu meiner Ernennung zur Senatorin auf Lebenszeit passt, dass ich mich heute bei der Vertrauensabstimmung über die Regierung enthalte.
Ich werde die Vorschläge und Entscheidungen der Regierung von Fall zu Fall und ohne Vorurteile prüfen und im Interesse des italienischen Volkes und im Vertrauen auf die Werte, die mich mein ganzes Leben lang geleitet haben, Partei ergreifen.

Ungekürzte Rede vom 5. Juni 2018 während der Senatsdebatte vor der Vertrauensabstimmung über die erste Regierung Conte.

1 Alberto Melloni, Kirchenhistoriker und Ordinarius für die Geschichte des Christentums an der Universität Modena-Reggio Emilia. In dem Artikel „Quella pena per i bimbi Rom" („Diese Strafe für die Roma-Kinder") vom 05.06.2018 in *La Repubblica* fordert er Liliana Segre auf, im Parlament ihre Stimme gegen einen Paragrafen des damaligen Regierungsvertrags zu erheben. Der sah vor, Kinder der Sinti und Roma, die die Schule verweigerten, ihren Eltern zu entziehen.

GEGEN JEDE DISKRIMINIERUNG

Liebe Jungen und Mädchen des Neuen Europa, es gibt viele Möglichkeiten, sich nachhaltig mit dem großen und schwierigen Thema der Diskriminierung zu befassen, und dabei suche ich keine Abkürzungen. Um es mit historischen Worten zu sagen, die Risiken eines autoritären Abdriftens sind immer gegeben. Giambattista Vico, einer der wichtigsten Begründer der Zyklustheorie der historischen Abläufe und ihrer Wiederkehr, sah das vor langer Zeit voraus. Ich komme sofort zur Sache, indem ich euch, die ihr euch auf dieser Insel versammelt habt, eine Art Flaschenpost überbringe: meine erste Parlamentshandlung.
In den nächsten Tagen werde ich nämlich einen Gesetzesentwurf einbringen, der die Einrichtung einer parlamentarischen Kommission vorsieht, die sich mit den Phänomenen der Intoleranz, des Rassismus und der Anstachelung zum sozialen Hass befassen und diese kontrollieren soll. Damit wird einer Aufforderung des Europarats an alle Mitgliedsstaaten entsprochen, und unser Land wäre das erste, das wirksame Lösungen und Maßnahmen zur Bekämpfung der sogenannten hate speech erarbeitet.
Dieser erste Schritt flankiert den Antrag, der ebenfalls in dieser Legislaturperiode die Einrichtung einer Kommission zum Schutz und zur Stärkung der Menschenrechte beschließen soll (meine Unterschrift steht gleich unter der meiner Kollegin Emma Bonino). Zudem gibt es noch ein drittes Thema in der Diskussion,

das mir am meisten am Herzen liegt und mit dem ich mich seit langem befasse: Die Geschichte des 20. Jahrhunderts soll in allen Schulen und allen Klassenstufen Unterrichtsstoff werden. In einem Interview hat die Präsidentin des ANPI[1], Carla Nespolo, vor kurzem ebenfalls betont: „Jungen und Mädchen sollten diese Geschichte lernen, weil es in der Schule nur selten die Gelegenheit gibt, sich mit dem 20. Jahrhundert und insbesondere mit dem Zweiten Weltkrieg zu befassen. Bis jetzt lernen sie nämlich nicht, was es für viele europäische Völker bedeutete, unter dem Joch der Nazis zu leben und dann die Freiheit wiederzuerlangen."
Nun, da dieser Vorschlag auf dem Tisch liegt, richte ich eine ganz besondere Einladung an euch.
Es ist ein Appell zur Neugründung Europas, das von ‚Autoritarismus und Spaltung' bedroht ist, die die Entstehung einer Art ‚neuen europäischen Bürgerkriegs' darstellen.
Der Wind, der durch Europa weht, ist nicht unaufhaltbar. Besinnt euch auf die wenigen, aber guten Grundsätze, die uns leiten: Es sind die höchsten Grundsätze des zivilen Zusammenlebens, es liegt an euch, für ihre Umsetzung zu kämpfen. Durch die Gründung der Europäischen Gemeinschaft (vor siebzig Jahren) sind wir in das Zeitalter der Rechte eingetreten. Die Artikel 2 und 3 der Charta der Grundrechte beweisen es, sie sind unser Ausweis für die Zukunft. Die Charta der Grundrechte der Europäischen Union erhebt diese Grundsätze, die von Freiheit und Gleichheit durchdrungen sind und die wir voller Stolz anwenden, auf eine europäische Ebene. Wenn wir Zahlen mit Erinnerungen verbinden wollen, würde ich sagen, dass wir in nur einem ‚unendlichen' Jahrzehnt von den Rassegesetzen (1938) zu den Rechtsgesetzen (1948) übergegangen sind. Als Folge dieser unveräußerlichen Rechte muss die Zukunft anders gestaltet werden. Deshalb erlaubt mir, Martin Luther King fünfzig Jahre nach seiner Ermordung zu zitieren: „Selbst wenn ich wüsste, dass die Welt morgen endet, würde ich noch einen Baum pflanzen."
Jetzt ist die Zeit dafür!

Rede auf dem Ventotene Europa Festival, 9. Mai 2018, das von der Vereinigung La Nuova Europa auf der Insel Ventotene organisiert wurde.

1 Associazione Nazionale Partigiani d'Italia, die Nationale Vereinigung der Partisanen Italiens.

EIN GRUNDLEGENDER FEIERTAG

Für mich war der 25. April 1945 kein Tag der Befreiung. Das konnte er nicht sein, denn ich war an diesem Tag noch in dem kleinen Lager Malchow in Norddeutschland gefangen. Auf Seiten unserer Peiniger herrschte eine große Nervosität, aber wir wussten nicht, was in Europa geschah. Was uns zu denken gab, waren einige junge französische Kriegsgefangene, die am Stacheldraht vorbeigingen. „Sterbt jetzt bloß nicht!", beschworen sie uns beim Anblick unserer schattenhaften Erscheinungen.

„Haltet durch. Der Krieg geht zu Ende. Und die Deutschen verlieren an beiden Fronten: an der Westfront gegen die Amerikaner und an der Ostfront gegen die Russen." In unseren letzten Stunden als Gefangene erlebten wir, wie sich die Geschichte veränderte. Außerhalb des Lagers wurden wir zu einem weiteren schrecklichen Marsch gezwungen, doch nichts war mehr so wie vorher. Mein persönliches Befreiungsfest ereignete sich, als der Lagerkommandant Zivilkleidung anzog und seine Pistole wegwarf. Er war ein grausamer Mann, der die Gefangenen bei jeder Gelegenheit brutal schlug. Rache schien in greifbarer Nähe, aber ich beschloss, die Waffe nicht aufzuheben. Mir wurde klar, dass ich nie jemanden töten könnte, und das war der große Unterschied zwischen mir und meinem Peiniger. In diesem Moment fühlte ich mich frei und endlich in Frieden.

Der Jubel des 25. April 1945 erreichte mich später durch die Erzählungen von Freunden und Familienmitgliedern. Ich brauchte eine Atempause, bevor ich nach Italien zurückkehrte. Und ich musste mich von zu vielen Wunden erholen, um mit anderen feiern zu können. Ich war auf eine Nummer reduziert worden, musste in einer feindseligen Welt leben und hatte ständig die Bosheit der anderen vor mir, wie schon Primo Levi sagte. Es hat Jahre gedauert, bis ich ein Gefühl des kollektiven Glücks entwickeln konnte.

Dann kam dieser Moment. Und der 25. April wurde zum Familienfeiertag, zum Fest der wiedergefundenen Freiheit.

Er symbolisierte den endgültigen Sturz des Nazifaschismus und die Befreiung. Und er würdigte das Opfer der Partisanen und Soldaten, der unbewaffneten Widerstandskämpfer, der politisch und rassisch Verfolgten. Es war das Fest des italienischen Volkes, aber auch ein Fest, das wir als Familie feierten, zusammen mit meinem Mann Alfredo, der in Deutschland Militärinternierter gewesen war, weil er die Italienische Sozialrepublik abgelehnt hatte. Wir hatten beide unter dem Verlust der Freiheit gelitten und konnten die tiefe Bedeutung dieses Datums verstehen, das den Grundstein für die Demokratie und die Verfassung legte. An jedem 25. April haben wir im besten Fall unsere Fahne geschwenkt. Ich habe nie aufgehört, diese Fahne zu schwenken. Und auch heute noch bestehe ich darauf, jungen Menschen zu erklären, warum dieser Tag ein grundlegender Feiertag ist. Aber es wird immer schwieriger, gegen Gedächtnislücken anzukämpfen. Nur wer die Geschichte kennt, kann verstehen, was die geistige Verarmung der Massen von Italienern und Deutschen bedeutete, die vom faschistischen und nationalsozialistischen Totalitarismus indoktriniert worden waren. Den jüngeren Generationen muss erklärt werden, was die Diktatur war, vor allem jetzt, da sich niemand mehr über den römischen Gruß wundert. Ich frage mich, ob nicht ein Teil der Politik von dieser weit verbreiteten Unkenntnis der Geschichte profitiert. Jene, die die Vergangenheit ignorieren, lassen sich leichter beeinflussen. Und sie widersetzen sich nicht. Es

ist noch gar nicht so lange her, da gab es sogar Stimmen, die den 25. April als Feiertag aus dem Kalender streichen wollten. Ich fürchte, dass er früher oder später gestrichen wird. Denn die Zeit ist grausam: Sie tilgt die Erinnerungen und bringt das Gedächtnis durcheinander, während Menschen sterben und Generationen vergehen. Vor einigen Jahren hatten wir noch die Illusion, dass sich die politischen Kräfte in Bezug auf dieses Datum einig sind.
Heute lese ich mit Besorgnis, dass dem Tag der Befreiung eine andere Art von Zeremonie vorgezogen wird.
Ehrlich gesagt, ich bin entsetzt. Auf meine alten Tage werde ich Zeugin von Taten, die ich mir nie hätte vorstellen können: vor allem, weil ich erlebt habe, was es bedeutet, vor dem 25. April 1945 ein Opfer zu sein, als es noch keine Demokratie gab und Dissidenten und Minderheiten inhaftiert, gefoltert und sogar getötet wurden.
Ebenso bin ich über die Streichung der Geschichtsprüfung im Abitur überrascht und traurig. Mangelndes Gedenken kann zu Vorfällen wie dem vor einigen Tagen in einer Hotelschule in Venedig führen. Ein Lehrer beleidigte auf Facebook die Verfassung mit Worten, die ich lieber nicht wiederholen möchte. Und er wünschte sich, dass Liliana Segre in „einer netten Müllverbrennungsanlage"[1] landen würde. Das hatte ich noch nicht gehört: Die ‚nette Müllverbrennungsanlage' ist wahrscheinlich die modernisierte Form des Krematoriums.
Aber ich halte mich lieber an die vielen Italiener und Italienerinnen, die mich mögen. Und mit denen ich den 25. April feiern werde, einen weltlichen Ritus, der mich immer noch bewegt. Und der mich mitreißt.
Denn Freiheit ist eine absolute, unveräußerliche Bedingung. Und es macht nichts, wenn ein paar Minister zu Hause bleiben. Ich bin sicher, dass morgen viele von uns das gleiche staatsbürgerliche Gefühl empfinden werden. Einen schönen 25. April für alle.

Artikel „Il 25 aprile: la mia nuova Resistenza“ („Der 25. April: mein neuer Widerstand“), erschienen in der Tageszeitung *La Repubblica*, 23. April 2019.

1 U. a. belegt im Artikel „La Segre sta bene in un termovalorizzatore“. Gli ispettori dal prof razzista. In: *Il Giornale*, 20.04.2019. https://www.ilgiornale.it/news/cronache/venezia-prof-posta-frasi-razziste-e-odio-bussetti-manda-1682611.html (Zugriff am 08.05.2019).

WER EIN LEBEN RETTET, RETTET DIE GANZE WELT

Präsident: Senatorin Segre hat sich zu Wort gemeldet, und ich wünsche ihr alles Gute zum Geburtstag.
(Beifall.) Sie hat das Wort.

Segre (parteilos): Ich danke Ihnen, Herr Präsident. Ich werde heute neunundachtzig Jahre alt. (Beifall.)
Herr Präsident, meine Damen und Herren, Herr Ratspräsident, angesichts der Umstände und des Klimas, das die Bildung der neuen Regierung gekennzeichnet hat, bin ich besorgt, aber gleichzeitig auch voller Hoffnung.
Ich bin besorgt über die zahlreichen Vorkommnisse des vergangenen Jahres, durch die ich oftmals eine unaufhaltsame Verrohung unserer Gesellschaft befürchtete: Die immer häufiger auftretenden Fälle von Rassismus, die milde und quasi mitfühlend behandelt werden und in unserem zivilisierten Leben fast zur Normalität geworden zu sein scheinen, aber auch die Ausbreitung von Hassreden im Internet und in den öffentlichen Debatten sind alarmierend. Allzu oft wird der gesunde Ideenaustausch durch die systematische Verhöhnung des Gegners ersetzt, wobei sogar auf religiöse Symbole zurückgegriffen wird, die für mich wie ein absurdes, aber gefährliches Revival von ‚Gott mit uns' wirken. Auf mich wirkt es jedenfalls so. Vielleicht auch nur auf mich, in diesem Haus. (Bemerkungen von Senator Pianasso[1].)

Segre (parteilos): Bitte, Herr Senator?

Pianasso (L-SP-PSd'Az[2]): Der Herr Ratspräsident ist mit einem Heiligenbild von Padre Pio[3] zu Vespa[4] in die Sendung gegangen! Zählt das nicht?

Präsident: Senatorin Segre, bitte wenden Sie sich an die Präsidentschaft. Bitte fahren Sie fort.

Segre (parteilos): Eine Politik, die in Hass investiert, ist immer ein zweischneidiges Schwert. Es schadet nicht nur denjenigen, gegen die es gerichtet ist, sondern hetzt auch jene auf, die voller Wut und Verzweiflung das Unbehagen erleben, welches durch die Krise verursacht wird, die den Kontinent seit einem Jahrzehnt erfasst hat. Der Hass breitet sich aus, und das ist umso gefährlicher.
Mir wurde beigebracht, ‚wer ein Leben rettet, der rettet die ganze Welt', und eine Welt, in der jene, die Leben retten, nicht belohnt, sondern bestraft werden, scheint mir eine auf den Kopf gestellte Welt zu sein. Ich glaube, dass die Aufnahme von Fremden unsere Gesellschaft weiser und menschlicher macht. (Beifall in der Fraktion des Partito Democratico.)
Ein weiterer Grund für meine Bestürzung war die Tatsache, dass die Feierlichkeiten zum 25. April, einem Nationalfeiertag, der das italienische Volk im Zeichen der Befreiung vereinen soll, von einigen wenigen unverantwortlichen Personen auf eine Art Fehde zwischen Anhängern reduziert wurde. Meiner Meinung nach darf sich eine herrschende Klasse nicht so verhalten.
Doch ich möchte nun zur Hoffnung kommen. Ich wünsche mir, dass die neue Regierung nicht nur aus berechtigten Erwägungen der politischen Zweckmäßigkeit entsteht, sondern vor allem aus dem Bewusstsein heraus, der Gefahr entkommen zu sein, aus jenem Gefühl der Erleichterung, das sich einstellt, wenn man den Rand eines Abgrunds erreicht hat und gerade noch rechtzeitig anhalten konnte. Kurzum, ich erwarte von der neuen Regierung, dass sie sich konkret für die Wiederherstellung einer

gemeinsamen Wertebasis einsetzt, in der unsere Demokratie und unsere Solidaritätsprinzipien dauerhaft verteidigt werden. Denn sie sind in unserer Verfassung verankert, die aus dem Widerstand hervorgegangen ist.

Auch ich persönlich möchte mit einer einfachen Bitte, die ich in den parlamentarischen Gremien vorgebracht habe, meinen Beitrag zu einer besseren Zukunft leisten. Zu Beginn der Legislaturperiode habe ich einen Entwurf vorgelegt, der später in einen Antrag umgewandelt wurde, der mir sehr am Herzen liegt. Es geht um die Einrichtung einer Kommission, die sich mit den Phänomenen hate speech, Gewalt, Intoleranz, Rassismus und Antisemitismus befasst und diese überwacht. Das ist ein Thema, das ich leider nur zu gut kenne: Ich habe am eigenen Leib erfahren, wie einfach es ist, von Worten des Hasses zu Taten überzugehen. Die Einsetzung dieser Kommission wäre eine politische Antwort auf die Probleme, vor denen wir stehen.

Ich hoffe, dass Mehrheit und Opposition diese Kommission umgehend ins Leben rufen werden.

Schließlich denke ich an den Geschichtsunterricht, ein ganz besonderes Fach, weil es uns lehrt, nicht die Fehler der Vergangenheit zu wiederholen. Der Verlust der Geschichte ist einer der erster Kollateralschäden beim Verlust der Zukunft.

Das Fach verschwindet nicht nur aus den Abiturprüfungen, sondern auch aus dem Bewusstsein der Menschen, und ohne ein historisches Gedächtnis ist die Menschheit zur Entmenschlichung verurteilt.

Ich schätze das Engagement der vorherigen Regierung für die Wiedereinführung der politischen Bildung, aber es reicht nicht aus, ein weiteres Fach in den Schulen zu unterrichten: Die politische Bildung muss alle Bürger erreichen, und wir, die politische Klasse, die Frauen und Männer, die dem Land in unseren Institutionen dienen, müssen als Beispiel vorangehen. (Beifall bei den Fraktionen PD, M5S und FI-BP.[5]) Die Verfassung verpflichtet uns zu ‚Disziplin und Ehre', aber auch zu Mäßigung und Respekt gegenüber unseren Gegnern. Eine politische Klasse, die nicht

nach einem neuen und demokratischen Stil handelt, wird ihrer Verantwortung nicht gerecht.
Meine letzte Hoffnung ist, dass die neue Regierung sich auch das Gefühl der Bürgerpflicht, der Berufung zum Gemeinwohl zu eigen macht, das aus den Versen von John Donne zu uns spricht: „Lass daher niemals nachfragen, für wen die Glocke schlägt: Sie schlägt für dich."[6] In diesem Sinne stimme ich zuversichtlich für die neue Regierung. (Beifall bei den Fraktionen M5S und PD. Bemerkungen der Fraktion L-SP-PSd'Az. Viele Glückwünsche.)

Ungekürzte Rede, gehalten am 10. September 2019 während der Debatte im Senat, die der Vertrauensabstimmung für die zweite Regierung Conte vorausging.

1 Cesare Pianasso, Mitglied der Lega.

2 Parteienbündnis aus Gruppo Lega, Salvini Premier, Partito Sardo d'Azione.

3 Pio von Pietrelcina (1887–1968), Kapuzinermönch, Stigmatisierter, italienischer Nationalheiliger.

4 Bruno Vespa, Journalist und TV-Moderator der Sendung *Porta a Porta* bei Rai 1.

5 Partito Democratico (PD), Movimento 5 Stelle (M5S) und Forza Italia-Berlusconi Presidente (FI-BP).

6 John Donne: Meditation XVII, Devotions Upon Emergent Occasions, London 1624. In: Ders.: *Schweig endlich still und lass mich lieben! Ein John-Donne-Lesebuch*, aus d. Engl. u. hrsg. v. Michael Mertes. Bonn: vfs 2017, S. 264–267, hier S. 264.

BEENDEN WIR DIE POLITIK DES HASSES

Herr Präsident, zunächst möchte ich dem Hohen Haus für die große Zuneigung danken. Ich war ein Opfer von Hass und bin auch jetzt noch eine Symbolfigur, die stört.
Umso mehr möchte ich dem Parlament heute den Antrag Nr. 136 erläutern, der ein klares und eindeutiges Ziel verfolgt: die Verhinderung und Bekämpfung der Aufstachelung zum Hass.
Der Kampf gegen Rassismus und Fremdenfeindlichkeit steht im Mittelpunkt jeder Menschenrechtspolitik, denn Toleranz und die Achtung der Würde des anderen sind die Grundlage jeder wirklich demokratischen und pluralistischen Gesellschaft.
Rassismus und Fremdenfeindlichkeit in all ihren Formen und Ausprägungen sind zudem unvereinbar mit den Werten, auf die sich die Europäische Union gründet.
Es ist genau zwanzig Jahre her – und bei dem Thema, über das wir hier sprechen, wirken sie wie ein Jahrhundert –, dass der Begriff *hate speech* in der Charta der Grundrechte der Europäischen Union auftauchte. Im Jahr 2008 nahm die Europäische Union den im Antrag erwähnten Rahmenbeschluss an, demzufolge die Mitgliedstaaten dafür sorgen müssen, dass Hassreden, die sich vorsätzlich gegen eine Gruppe von Personen oder ein einzelnes Mitglied dieser Gruppe richten, in Bezug auf Rasse, Hautfarbe, Religion oder ethnische Zugehörigkeit, unter Strafe gestellt werden. In demselben Beschluss heißt es, dass die öffentliche

Aufstachelung zu Gewalt und/oder Hass unabhängig von der Form ihrer Verbreitung (in Schriften, Bildern oder sonstigen Materialien) unter Strafe gestellt werden muss.
Obwohl das Internet nicht ausdrücklich erwähnt wird, ist es leicht zu erkennen, dass genau dort das Jagdgebiet der perversesten Subjekte ist. Hassreden im Internet sind in der Tat eine der am meisten genutzten Arten, rassistische und fremdenfeindliche Inhalte zu verbreiten. Es ist daher notwendig, dass alle Mitgliedsstaaten über angemessene Instrumente verfügen, um solchen Phänomenen zu begegnen. Dies ist umso notwendiger, als das Netz eine immaterielle Infrastruktur darstellt, in der Grenzen immer wieder und ungehindert überschritten werden können.
Heute sind wir also hier, um über die Annahme eines Antrags zu diskutieren, der die Einrichtung einer Kommission zum Thema Hassreden vorsieht. Sie hat die Aufgabe, alle Arten von Intoleranz, Rassismus, Antisemitismus und Aufstachelung zu Hass und Gewalt zu beobachten, zu untersuchen und Initiativen zu ergreifen, um diese zu unterbinden und zu kontrollieren. Diese Kommission wird eine wichtige Funktion erfüllen: Sie ist ein Signal, das wir als politische Klasse an das Land senden, ein Signal der Moral, aber auch der demokratischen Aufmerksamkeit gegenüber Entwicklungen, die zu degenerieren drohen. Die Einsetzung dieser Kommission ist aber auch eine Gelegenheit, eine ‚Lücke' zu schließen – und hier verwende ich ganz bewusst Anführungszeichen –, denn es geht darum, den oben erwähnten europäischen Beschluss vollständig umzusetzen.
Das Gesetz gegen Holocaustleugnung war zweifellos eine notwendige Antwort zum Thema *hate crime*, das in der fraglichen Entscheidung angesprochen wird, doch ein Aspekt fehlt noch, um die Debatte zu vervollständigen: Der Teil, der sich konkret auf Hassrede bezieht, muss noch geregelt werden. Das Gesetz über die Verleugnung ist als solches nicht ausreichend. Heute haben wir die Gelegenheit, das Bild zu vervollständigen, an das im Übrigen im Bericht der Kommission an das Europäische Parlament und den Europarat vom 27. Januar 2014 erinnert wird, der die Umsetzung

des Rahmenbeschlusses 2008/913/JI[1] des Rates zur Bekämpfung bestimmter Formen und Ausdrucksweisen von Rassismus und Fremdenfeindlichkeit im Rahmen des Strafrechts fordert.

Die Hater, von denen fast alle anonym bleiben, müssen wissen, dass die Demokratie ihre Werte und die Menschenrechte gemäß der Gesetze zu verteidigen weiß. Auch aus diesem Grund ist es wichtig, den Antrag zur Einsetzung der Kommission anzunehmen, denn wir haben es mit Straftaten zu tun, die spezifischer Natur, schwer zu definieren und zu regeln sind, angefangen bei dem Problem, die Urheber illegaler Inhalte zu identifizieren und diese Inhalte zu unterbinden.

Daher ist es notwendig, den zuständigen Behörden möglichst viele Erkenntnisse zur Verfügung zu stellen, aber auch Erfahrungen und Daten in internationaler Zusammenarbeit auszutauschen, um zu wirksamen Ergebnissen zu gelangen.

Eine parlamentarische Kommission kann hier einen wichtigen Beitrag leisten. Aus diesen Gründen hoffe ich, dass dieses Haus so breit wie möglich dafür stimmen wird, damit die Kommission so schnell wie möglich ihre Arbeit aufnehmen kann.

Ungekürzte Rede vom 29. Oktober 2019 während der Debatte im Senat über die Einrichtung einer außerordentlichen Kommission zur Bekämpfung aller Arten von Intoleranz, Rassismus, Antisemitismus und Aufstachelung zu Hass und Gewalt.

1 Rahmenbeschluss 2008/913/JI des Rates vom 28. November 2008 zur strafrechtlichen Bekämpfung bestimmter Formen und Ausdrucksweisen von Rassismus und Fremdenfeindlichkeit. In: *EUR-Lex*, 06.12.2008. https://eur-lex.europa.eu/legal-content/DE/ALL/?uri=celex%3A32008F0913 (Zugriff am 17.11.2023).

DANK

Ich danke meinen Kindern Alberto, Luciano und Federica dafür, dass sie eine so unbequeme Mutter geliebt haben.

Ich danke Silvia Rossetti für ihre Geduld und ihr Mitgefühl.

PERSONENGLOSSAR

Achille Starace (1889–1945), italienischer faschistischer Politiker, der als Parteisekretär politische Sportveranstaltungen, Umzüge und Märsche organisierte und den Personenkult um Mussolini beförderte.

Aldo Moro (1916–1978), Politiker der Democrazia Cristiana, von 1963–1968 und von 1974–1976 Ministerpräsident. Er wurde von der Terrororganisation Brigate Rosse entführt und ermordet.

Carla Nespolo (1943–2020), Politikerin und erste Frau, die Präsidentin der ANPI wurde.

Carlo Maria Martini (1927–2012), von 1979 bis 2002 Erzbischof von Mailand.

Carlo (1899–1937) und **Nello Rosselli** (1900–1937), Politiker, Journalisten und antifaschistische Aktivisten in Italien. Sie wurden am 9. Juni 1937 in der französischen Kommune Bagnoles-de-L'Orne von rechten Schlägertrupps ermordet.

Colonel Harold Raphael Gaetano Stevens (1883–1961), bekannt als ‚Colonello Buonasera', war britischer Oberst und BBC-Mitarbeiter. Er sendete im Zweiten Weltkrieg in Italien.

Enrica Polacco (1913–?), verhaftet am 3. Dezember 1943, zusammen mit Liliana Segre am 30. Januar 1944 nach Auschwitz deportiert. Befreiung am 9. Mai 1945. Rückkehr nach Italien am 18. August 1945.

Ermanno Fontanella (1906–1945), Anwalt, ermordet in Auschwitz.

Giovanni Giudici (1924–2011) war Schriftsteller und Lyriker, zudem übersetzte er u. a. Alexander Puschkin, John Milton und Sylvia Plath.

Giuliana Donati (1919–1996) war in den 1960er und 1970er Jahren Mitarbeiterin des Centro di Documentazione Ebraica Contemporanea (CDEC), des Dokumentationszentrums jüdischer Zeitgeschichte in Mailand. Zwischen 1972 und 1974 hat sie die ersten Recherchen unternommen, um die Liste der Deportierten aus Italien, die von Massimo Adolfo Vitale zusammengestellt worden war, zu überarbeiten.

Giuliano Vassalli (1915–2009), Jurist und Politiker.

Giulio Ravenna (1873–1944), verhaftet am 8. Dezember 1943, Tod im Durchgangslager Fossoli am 18. Februar 1944.

Giuseppe Laras (1935–2017), von 1980 bis 2005 Oberrabbiner der jüdischen Gemeinde von Mailand und emeritierter Präsident der italienischen Rabbinerversammlung.

Giuseppe „Peppino" Levi (1904–1945), am 30. Januar 1944 nach Auschwitz deportiert, gestorben am 28. Februar 1945 im KZ Mauthausen.

Goti Herskovits Bauer (*1924), Schriftstellerin, verhaftet am 2. Mai 1944, Ankunft in Auschwitz am 23. Mai 1944. Im November 1944 wurde sie ins KZ Theresienstadt verlegt, wo sie am 9. Mai 1945 befreit wurde. Im Juli 1945 kehrte sie nach Italien zurück.

Grazia Coen (*1929), verhaftet am 2. Februar 1944 in Rom, am 16. Mai 1944 nach Auschwitz deportiert und am 1. Mai 1945 befreit. Am 29. August 1945 kehrte sie zusammen mit Liliana Segre nach Italien zurück.

Hans Kahlberg (1903–?), am 26. November 1943 in Florenz verhaftet, zusammen mit Liliana Segre am 30. Januar 1944 nach Auschwitz deportiert. Er wurde am 5. Mai 1945 befreit.

Laura Sacerdote (1920–1945), verhaftet am 18. Dezember 1943, zusammen mit Liliana Segre am 30. Januar 1944 nach Auschwitz deportiert. Tod am 19. Juli 1945.

Liliana Picciotto Fargion (*1947), Politikwissenschaftlerin und Historikerin.

Lina Besso (1921–1944), am 30. Januar 1944 nach Auschwitz deportiert, dort gestorben am 6. September 1944.

Luciana Sacerdote (1924–2010), Schwester von Laura, verhaftet am 18. Dezember 1943, zusammen mit Liliana Segre am 30. Januar 1944 nach Auschwitz deportiert. Befreiung am 30. April 1945.

Luigi Preti (1914–2009), italienischen Politiker der PSI, der sozialistischen Partei Italiens. Er war u. a. italienischer Finanzminister in den 1950er, 1960er und 1970er Jahren.

Miro Silvera (1942–2022), Schriftsteller und Übersetzer.

Norberto Bobbio (1909–2004), Rechtsphilosoph und Publizist.

Paolo (1931–2024) und **Vittorio Taviani** (1929–2018), Filmemacher.

Pier Paolo Pasolini (1922–1975), Filmregisseur, Dichter und Publizist.

Pietro Ingrao (1915–2015), Journalist und Politiker.

Renato Guttuso (1911–1987), Maler.

Rino Lazzaro Ravenna (1874–1944), verhaftet am 8. Dezember 1943, Suizid am 29. Januar 1944 in Mailand.

Tullia Calabi Zevi (1919–2011), italienische Journalistin. Emigrierte 1939 mit ihrer Familie in die USA, von wo sie im Sommer 1946 nach Italien zurückkehrte. Von 1983 bis 1998 Präsidentin der Union der jüdischen Gemeinden Italiens (UCEI).

Vasco Pratolini (1913–1991), Schriftsteller.

Violetta Silvera (1924–1944), verhaftet in Porto Ceresio (Varese). Am 30. Januar 1944 zusammen mit Liliana Segre nach Auschwitz deportiert und gleich nach der Ankunft am 6. Februar 1944 ermordet.

WEITERE TITEL IM NEOFELIS VERLAG

Der Pass mein Zuhause
Aufgefangen in Wurzellosigkeit

– Wie Heimatlosigkeit zum Zuhause wurde: Die bewegte Autobiografie eines jüdischen Intellektuellen in der zweiten Hälfte des 20. Jahrhunderts –

von Andrei S. Markovits
aus dem amerikanischen Englisch übersetzt von Robert Zwarg
Jüdische Kulturgeschichte in der Moderne, Bd. 26
ISBN: 978-3-95808-350-9 (2. Aufl.)
326 S., 18 €

Salman Schocken
Topographien eines Lebens

– Der Selfmademan, Kulturzionist, Verleger, Mäzen und Bibliophile als Zentrum eines Netzwerks bedeutender jüdischer Intellektueller –

von Stefanie Mahrer
Jüdische Kulturgeschichte in der Moderne, Bd. 24
ISBN: 978-3-95808-327-1
496 S., 24 €

Lotte Cohn
Eine schreibende Architektin in Israel

Bd. 1: Ausgewählte Schriften (1934–1982)
Bd. 2: Ausgewählte Briefe (1921–1982)

– Eine Architekturpionierin und Zionistin reflektiert ihre Berufspraxis und Emigration –

hrsg. von Ines Sonder
Jüdische Kulturgeschichte in der Moderne, Bd. 14.1 / 14.2
ISBN: 978-3-95808-118-5 / 978-3-95808-125-3
188 S., 24 € / 202 S., 24 €

8. Mai 1945
Internationale und interdisziplinäre Perspektiven

– Über die Widersprüche und Konflikte der Erinnerung an den 8. Mai –

hrsg. von Alexandra Klei / Katrin Stoll / Annika Wienert
ISBN: 978-3-95808-112-3
mit 28 Farb- u. 4 S/W-Abbildungen
280 S., 24 €

Besuche in der alten Heimat

– Ein erstmaliger Überblick über die Geschichte der Einladungsprogramme für ehemalige NS-Verfolgte in München, Frankfurt am Main und Berlin –

von Lina Nikou
Jüdische Kulturgeschichte in der Moderne, Bd. 21
ISBN: 978-3-95808-248-9
mit 2 Farb- u. 10 S/W-Abbildungen
479 S., 34 €

Das Lager vorstellen
Die Architektur der nationalsozialistischen Vernichtungslager

– Räume des Massenmordes: Eine Architekturtypologie –

von Annika Wienert
ISBN: 978-3-95808-013-3 (3. Aufl.)
mit 26 Farb- u. 45 S/W-Abbildungen
302 S., 32 €

Die Übersetzung dieses Buches ist dank einer Förderung des italienischen Ministeriums für Auswärtige Angelegenheiten und Internationale Kooperation entstanden.
Questo libro è stato tradotto grazie ad un contributo del Ministero degli Affari Esteri e della Cooperazione Internazionale Italiano.

Gedruckt mit freundlicher Unterstützung der Ursula Lachnit-Fixson Stiftung.

URSULA LACHNIT-FIXSON
STIFTUNG

Klimaneutral gedruckt auf FSC-zertifiziertem Papier.

Bibliografische Information der Deutschen Nationalbibliothek
Die Deutsche Nationalbibliothek verzeichnet diese Publikation in der Deutschen Nationalbibliografie; detaillierte bibliografische Daten sind im Internet über http://dnb.d-nb.de abrufbar.

Die Originalausgabe *La Memoria rende liberi* von Enrico Mentana und Liliana Segre erschien 2015 bei Rizzoli, Mailand.

Aus dem Italienischen übersetzt von Ulrike Schimming.

Umschlaggestaltung: Marija Skara
unter Verwendung eines Privatfotos von Liliana Segre.
Lektorat & Satz: Neofelis Verlag (mn / co)
Druck: PRESSEL Digitaler Produktionsdruck, Remshalden
ISBN (Print): 978-3-95808-451-3
ISBN (PDF): 978-3-95808-501-5